단번에
개념 잡는
우주과학

**9가지 핵심 질문으로
빠르게 마스터하는
중학 과학의 기초!**

신나는 과학을 만드는 사람들
박우용, 권은경, 김경민 지음

단번에
개념 잡는
우주과학

1주제 1개념 9질문

1 손에 쏙 들어오는 **한 권**의 책으로

1 융합학문의 기초인 **교과 개념 하나**를

9 **아홉 가지 핵심 질문**으로 탄탄하게 마스터!

교과서 핵심을 향해 선택과 집중

→ 수업을 자신 있게

→ 고등 문·이과 통합교육 대비!

한눈에
주제와 개념을
파악할 수 있는

30초 **예습** 퀴즈

시작은 간단하게!
얼마나 알고 있나 OX 문제를 맞혀 보자

본문 속 형광펜으로 **정답 풀이!**

이것만은
알아야 할
키워드 학습

30초 **복습** 퀴즈

마무리는 단단하게!
확실히 알고 있나 주관식 문제를 풀어 보자

기본기를 높여 주는 **핵심 정리!**

 예습·복습 퀴즈 합쳐서 1 분

 총 18개 퀴즈로 9 분 개념 완성

이 책의 교과연계

중등

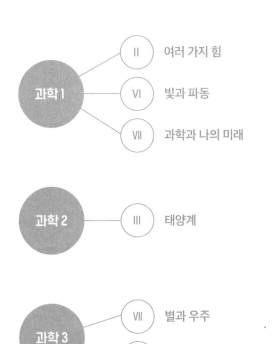

과학 1
- II 여러 가지 힘
- VI 빛과 파동
- VII 과학과 나의 미래

과학 2
- III 태양계

과학 3
- VII 별과 우주
- VIII 과학기술과 인류 문명

고등

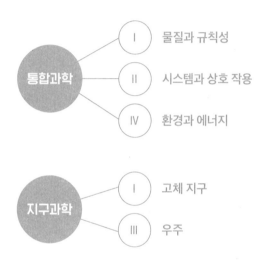

차례

우주 공간은 알고 싶어도 알기 어렵고, 보고 싶어도 보기 어려운 미지의 세계입니다. 인간이 가진 상상력과 지식을 모두 동원해도 우주에 대해 아는 것보다 모르는 것이 더 많지요. 그래서 우주과학은 새로운 세계를 개척하고 싶은 인간의 탐험가 기질을 자극하는 매력적인 학문이랍니다.

우리는 끝이 어디인지, 어떤 모양인지도 모르는 광활한 우주 어디쯤 티끌보다도 작은 공간을 차지하고는 우주 전체를 이해하려 노력합니다. 그러려면 물리학, 화학, 생명과학, 수학 등 다양하고 폭넓은 지식이 필요하죠. 하지만 이에 앞서 우주에 대한 이해를 가능케 하는 것이 있습니다. 바로 인간의 무한한 상상력입니다.

이 책은 여러분이 흥미를 느낄 만한 우주과학 이야기를 가득 담고 있습니다. 먼저 밤하늘을 올려다보면 쉽게 접할 수 있는 달과 별에 대한 것부터, 그에 가까이 다가가기 위해 우주를 여행하는 방법을 차근차근 알아봅니다. 그다음으로 우리의 지구가 속해 있는 태양계와 이를 구성하고 있는 비교적 가까운 곳의 천체들, 그리고 그 너머의 천체까지도 꼼꼼히 탐험합니다. 마지막으로 우주에서 생명체가 살아갈 수 있는 조건과 외계 생명체의 존재 가능성도 하나씩 살펴봅니다.

우주과학이 들려주는 이 모든 재미난 이야기는 여러분의 상상력과 지적 호기심을 자극할 것입니다.

"상상력은 우리를 과거에는 결코 없었던 세계로 인도하곤 한다. 그러나 상상력 없이 갈 수 있는 곳은 아무 데도 없다."

미국의 유명한 천문학자 칼 세이건이 그의 책 《코스모스(Cosmos)》에서 한 말입니다. 이 책이 전하는 이야기가 이전에는 알 수 없었던 '우주'라는 세계로 여러분을 인도하기를 기대합니다.

1

별은 왜 반짝이나요?

밤하늘에 반짝이는 별을 넋 놓고 바라본 적이 있나요? 암흑같이 캄캄한 곳에서 수없이 많은 별을 마주한 경험 말입니다. 아마 도시에 사는 친구들은 평소에 느끼기 어려운, 그야말로 장관일 텐데요. 구름도 없는 맑은 날 밤이라면 마치 우주에 와 있는 것처럼 한참을 바라보게 될 거예요. 그런데 도시에서는 이렇게나 밝게 반짝이는 별들을 왜 보지 못하는 걸까요? 그 이유는 바로 주변의 인공적인 불빛 때문입니다. 도시에는 가로등과 자동차 불빛, 건물에서 밖으로 새어 나오는 조명 등과 같이 인위적으로 만들어진 불빛이 많아 정말 밝은 별만 조금 볼 수 있죠.

밤하늘의 별은 호기심을 자극합니다. 별의 위치가 왜 변하는지, 대체 저 별이 지구에서 얼마나 떨어져 있는지, 가까이서 보면 어떤 모양을 하고 있는지, 왜 반짝이는지……. 아마도 과학을 좋아하는 친구들이라면 별과 관련된 수많은 질문이 생겨날 텐데요. 우리 함께 밤하늘의 별에 대해 궁금한 점들을 해결해 봅시다.

빛으로 거리 나타내기

어떤 물체 또는 장소가 서로 공간적으로 얼마나 멀리 떨어져 있는가를 수치로 나타낸 것을 '거리'라고 합니다. 일반적으로 생활 속에서 거리를 어떻게 표현하고 있는지 생각해 봅시다. 축구 시합에서 패널티킥은 골대에서 11미터 거리에 공을 놓고 찹니다. 한쪽 골대에서 반대쪽 골대까지의 거리는 105미터죠.

그럼 이보다 더 먼 거리는 어떻게 나타낼까요? 서울에서 대전까지의 거리는 약 140킬로미터, 서울에서 부산까지는 약 325킬로미터 거리만큼 떨어져 있습니다. 여러분이 잘 알고 있는 것처럼 1,000미터는 1킬로미터와 같습니다. 킬로미터는 지구 내에서 거리를 나타낼 때 일반적으로 사용되는 단위입니다. 지구의 둘레가 4만 킬로미터쯤 되니까 킬로미터 단위까지만 알고 있어도 거리를 나타내는 데는 무리가 없죠.

그런데 지구를 벗어나 우주에서 거리를 나타내기 위해서는 킬로미터보다 더 큰 단위가 필요합니다. 숫자가 커지면 표현이 어렵기 때문이죠. 그래서 과학자들은 거리를 나타내는 데 빛의 빠르기를 이용하기로 약속했습니다. 과학에서는 빠르기를 '속력'이라는 용어로 부르는데요. 빛의 빠르기, 즉 빛의 속력은 **광속**이라고 부릅니다. 광속은 1초에 약 30만 킬로미터를 갈 수 있는 빠르기인데, 그야말로 눈 깜짝할 사이보다도 빠르죠.

우주에서 거리를 나타내는 기본 단위는 바로 이 광속을 이용한 **광년(光年)**입니다. 영어로는 light-year라고 쓰기 때문에, ly를 기호로 사용하죠. 보통 이 단위는 우주에서 별과 별 사이의 거리 또는 은하와 은하 사이의 거리를 나타내는 데 사용되는데요. '1광년'이라고 하면 빛의 속력으로 1년 동안 이동한 거리를 뜻합니다. 예를 들어 항상 정북쪽 하늘에 있어 옛날부터 사람들이 방향을 찾을 때 유용했던 별 '북극성'은 지구로부터 약 434광년 떨어진 거리에 있습니다. 그러니까 북극성은 지구에서 빛의 속력으로 약 434년을 이동한 거리만큼 떨어져 있는 것이죠.

그런데 우리가 밤하늘에서 보는 별빛은 별에서 출발해 우리 눈에 들어오는 것입니다. 그렇다면 북극성의 별빛은 약 434

년 전에 북극성에서 출발해 지구에 도착한 빛이 되는 셈입니다. 다시 말해 오늘 밤 우리가 보는 북극성은 약 434년 전 북극성의 모습인 것이죠. ❶ 빛의 속도는 유한하기 때문에, 놀랍게도 더 멀리 떨어진 별일수록 더 오래전에 출발한 빛이 도착한 것이랍니다.

빛의 빠르기를 이용해 거리를 측정하는 단위에는 잘 쓰이지는 않지만 광년보다 작은 단위도 있습니다. 1광시는 빛이 1시간 동안 이동한 거리, 1광분은 빛이 1분 동안 이동한 거리, 그리고 1광초는 빛이 1초 동안 이동한 거리를 나타내죠.

2021년 2월 18일, 인류 역사상 다섯 번째 화성 탐사 로버인 퍼서비어런스가 화성 표면의 '예제로 분화구(Jezero crater)'에 무사히 착륙했습니다. 화성의 바람 소리를 최초로 보내오기도 했죠. 그런데 퍼서비어런스가 착륙할 당시 지구와 화성 사이의 거리는 약 10광분 떨어져 있었습니다. 지구로부터 빛의 속력으로 약 10분 걸리는 거리에 화성이 있었던 것이죠. 퍼서비어런스가 화성 대기권에 진입해 하강하고 착륙하는 데까지 약 7분이 걸렸는데요. 따라서 지구에 있는 우리에게 퍼서비어런스가 화성 대기권에 진입했다는 신호가 왔을 때는 이미 화성 표면에 무사히 착륙하고도 3분 정도 지난 시간이었던 셈입니다.

우주에 존재하는 별의 개수

140년경, 고대 그리스의 수학자이자 천문학자였던 프톨레마이오스는 그의 저서인 《알마게스트(Almagest)》에 1,022개 별의 위치를 나타낸 좌표와 밝기를 정리했습니다. 천체망원경이 발명되기 전 맨눈으로 관측할 수 있는 별의 개수는 아마도 프톨레마이오스가 정리한 1,000여 개 정도였을 겁니다.

그 후 지구에서 관측할 수 있는 별의 개수는 천체망원경을 비롯한 여러 관측 장비를 발명하면서 더 많아졌습니다. 또한 태양계에 우리 은하 말고도 다른 무수히 많은 은하가 있다는 사실도 알 수 있었죠. 은하란 수많은 별이 모여 있는 거대한 집단을 뜻해요.

우주에 있는 별의 개수는 어떻게 알 수 있을까요? 사실 엄밀히 따져 보자면 우주가 품고 있는 별의 개수를 지구에 있는 우리가 모두 알기란 불가능합니다. 우리가 관측할 수 있는 우주의 범위가 한정적이기 때문이죠. 앞에서 살펴본 것처럼 빛의 속력은 유한합니다. 그래서 약 137억 년 전 빅뱅으로 우주가 탄생한 이후, 아직 지구에 도달하지 못한 별빛도 있죠. 따라서 우리가 추정할 수 있는 별의 개수는 '관측 가능한 우주 내에서 보이는' 별의 개수랍니다.

자, 그럼 관측 가능한 별의 개수를 어떻게 따져 볼 것인지를 생각해 봅시다. 천문학에서 하늘의 별을 헤아릴 때 사용하는 방법이 있습니다. 어떤 과일 가게에 사과 10개가 담긴 바구니가 10개 있을 때, 이 과일 가게에 있는 사과는 몇 개일까요? 이 과일 가게에 있는 사과가 10×10=100개라는 것을 계산할 수 있죠? 이처럼 관측 가능한 우주에서 관측할 수 있는 별의 개수는, 은하 내부의 별 개수와 은하의 개수를 알면 추정할 수 있습니다. 그러니까 **은하 속 별의 개수×은하의 개수=별의 개수**인 것이죠.

태양계가 속한 우리 은하에는 별이 약 4,000억 개 분포하는 것으로 알려져 있습니다. 관측 가능한 우주에는 크고 작은 은하들이 펼쳐져 있는데, 은하 1개당 평균적으로 1,000억 개 정도의 별을 포함하고 있죠. 그리고 천문학자들에 의해 가장 최근까지 밝혀진 바로는 이러한 은하가 약 2조 개 있다고 합니다. 그러면 우리가 관측할 수 있는 우주의 범위 내에 있는 별의 개수는 약 1,000억×2조 개라고 할 수 있겠군요. 얼마나 많은지 가늠하기 어려운 큰 수인데요. 사실 우주에 분포하는 별의 개수는 지구상 전 세계 바닷가 해변의 모래알 개수를 모두 합친 것보다 많습니다. 정말 입이 떡 벌어질 정도죠.

별이 뜨고 지는 원리

매년 1월 1일 아침이 되면 동해에 많은 사람이 몰립니다. 바로 새해 첫 일출을 보기 위해서인데요. 첫 일출을 보며 소원을 빌거나 새로운 한 해에 대한 각오를 다지기도 하지요. 또 어떤 사람들은 그 전날인 12월 31일 저녁에 서해 바닷가에서 한 해의 마지막 일몰을 보며, 지난 1년을 추억하기도 한답니다.

우리는 상식으로 아침이면 동쪽에서 해가 뜨고, 약 12시간이 지난 뒤에 서쪽으로 해가 진다는 사실을 알고 있습니다. 1년 동안 365번의 일출과 일몰을 경험하죠. 이처럼 해가 뜨고 지는 이유는 사실 지구가 움직이고 있기 때문입니다. 지구는 공처럼 둥근 구 모양을 하고 있으며 북극과 남극을 관통하는 축을 중심으로 하루에 한 바퀴씩 회전하는 운동을 합니다. 이것이 **자전**입니다. 이때 지구의 양극을 관통하는 축을 **자전축**이라고 하죠. 한편 이렇게 자전하면서 지구는 태양을 중심으로 1년에 한 바퀴씩 도는데, 이는 **공전**이라고 부릅니다. 그렇다면 태양이 뜨고 지는 이유는 지구가 자전하기 때문이라고 정리할 수 있겠네요.

그럼 태양을 제외한 다른 천체들은 어떨까요? 달을 비롯한 밤하늘의 수많은 별 말입니다. 결론부터 이야기하면, ❷ 하늘의 모든 천체는 태양과 마찬가지로 하루에 한 바퀴씩 동쪽에서 서쪽으로 움직입니다. 역시 지구가 자전하기 때문이죠.

하늘의 별은 빛을 내는 작은 점으로 보이기 때문에 그 거리를 가늠할 수 없습니다. 그래서 천문학에서는 관측자를 중심으로 반지름이 무한대인 가상의 구를 가정하고, **천구**라고 부릅니다. 하늘의 모든 천체는 이 천구의 안쪽 벽에 붙어 있는 것으로 간주하죠. 여기서 지구는 자전축을 중심으로 하루에 한 바퀴씩 자전하지만, 지구 위에 있는 우리는 그것을 느끼지 못합니다. 따라서 우리 입장에서 보면 지구는 멈춰 있고, 천구가 상대적으로 동쪽에서 서쪽을 향해 움직이면서 별이 뜨고 지는 것처럼 보이는 것이랍니다.

우리가 사는 대한민국은 지구 북반구의 위도 약 37.5도에 있습니다. 그런데 우리나라에서 볼 때 항상 지평선 위에 있는 별들이 있습니다. 그러니까 뜨고 지지 않는 별들이죠. 바로 북극성과 그 주변의 별들인데요. 그 이유는 지구의 자전축이 관통하는 북극 바로 위에 북극성이 위치하기 때문입니다. 그래서 북극성의 위치는 항상 정북쪽을 나타낼 수 있는 것이죠. 실제로 북쪽 하늘에서 별들이 움직여 간 경로를 사진으로 찍어 보면, 북극성을 중심으로 동심원 모양을 하고 있답니다.

이렇게 지구의 자전으로 천구상의 별들이 겉으로 보기에 동쪽에서 서쪽으로 회전하는 것처럼 보이는 운동을 **일주운동**이

북쪽 하늘 별이 약 3시간 동안 이동한 일주권

라고 부릅니다. 우리나라가 위치한 북반구 중위도 지역에서 북쪽 하늘의 일주운동을 관찰하면 북극성을 중심으로 동심원을 그리는 모양을 보이죠. ❸ 별이 일주운동을 하면서 천구에 그리는 원 모양의 경로를 **일주권**이라고 한답니다. 일주운동으로 별은 하루 24시간당 한 바퀴인 360도를 회전하므로, 1시간에 약 15도씩 움직입니다.

'반짝반짝 작은 별 아름답게 비치네. 서쪽 하늘에서도 동쪽 하늘에서도 반짝반짝 작은 별 아름답게 비치네'

전 세계가 사랑하는 동요 〈반짝반짝 작은 별〉의 가사입니다. 이 가사에서도 알 수 있듯이 밤하늘을 수놓은 별들은 반짝입니다. 특히 작고 희미한 별일수록 더 많이 빛을 내는데요. 하지만 실제로 별이 스스로 반짝이며 빛을 내지는 않습니다. 별이 반짝이는 이유는 지구의 '대기' 때문이죠.

별은 지구로부터 수 광년에서 수십억 광년 이상 떨어져 빛을 냅니다. 별에서 출발한 빛은 매우 오랫동안 우주 공간을 날아오죠. 그렇게 지구에 도달한 별빛은 지구의 두꺼운 대기층을 만나게 됩니다. 지구 대기는 끊임없이 움직이고 있는데, 우리가 직접 느낄 수 있는 대기의 움직임이 바로 '바람'입니다. 이렇게 대기가 움직이면 별빛은 진행 경로가 불규칙해집니다. 그래서 우리가 관측하는 별빛이 반짝이는 것처럼 보이는 것입니다. ❹ 따라서 별빛의 깜박임은 대기의 움직임이 활발할수록, 그러니까 바람이 강하게 부는 날일수록 심해진답니다.

또한 지평선 근처에 뜬 별이 머리 위쪽에 있는 별보다 더 반짝이는데요. 이것은 지평선 근처의 대기 두께가 머리 위쪽 별빛이 통과하는 대기의 두께보다 더 두껍기 때문입니다. 아무래도 더 두꺼운 대기층을 통과하며 진행하는 빛이 대기의 움직임에 영향을 더 많이 받게 될 테니까요.

밤하늘에 보이는 별들이 반짝이는 것은 그것을 바라보는 우리에게는 매우 낭만적이고 아름다운 장면일 것입니다. 하지만 이렇게 ❺ 별이 반짝이면서 빛이 가만히 있질 못하는 현상은 천문학에서는 매우 성가시답니다. 관측하고 연구를 진행해야 할 대상이 깔끔하게 보이지 않기 때문이지요. 그래서 천문학자들은 지구 대기 때문에 별빛이 반짝이며 흔들리는 현상을 줄이기 위해 노력했는데요. 천체관측의 대략적인 역사를 살펴보면서 이 문제를 어떻게 해결하고 있는지 알아봅시다.

천체관측의 역사

천체관측의 역사를 이해하기 위해서는, 고대에서 현대에 이르기까지 각 시대별 상황과 천체관측을 하는 이유를 함께 연결해서 생각해야 합니다. 현대의 인류가 천체관측을 하는 이유는 대체로 우주의 역사를 연구하거나, 지구 이외의 행성에서 생명체의 흔적을 찾거나, 혹은 우주를 구성하는 새로운 물질을 찾는 데 초점이 맞춰져 있습니다.

그런데 고대 농경 사회에서 천체관측을 하는 이유는 현대와 확실히 달랐습니다. 실제로 기록을 살펴보면, 고대 이집트와 잉카문명에서도 천체관측을 했습니다. 이때 천체가 움직이는 시간을 측정해 계절을 알고, 농경 생활에 필요한 달력을 만들었습니다. 현대에도 남아 있는 고대 유적인 피라미드나 잉카문명의 천문대, 유럽의 스톤헨지 유적 등에서 이러한 천체관측의 흔적을 찾을 수 있답니다. 또한 이 시기의 천체관측은 방향을 알려 주는 역할을 해서 항해술에 도움이 되었죠.

역사적으로 천체관측은 점성술에 이용되기도 했는데, 별자리나 행성의 움직임, 또는 하늘의 상태를 통해 운세를 점치고, 농경 사회에서 곡물이 잘 자랄 것인가를 예상하는 척도가 되기도 했습니다.

우리나라에서도 오래전부터 천체관측을 했습니다. 경주의 첨성대에서 신라시대 선조들이 천체관측을 했고, 이를 통해 농사를 짓기 위한 시기를 결정하거나 운세를 점치기도 했답니다. 그래서 천체와 관련된 여러 설화도 있죠. 이 중에서 거란을 물리친 귀주대첩으로 유명한 고려 문신 강감찬의 탄생에 얽힌 설화가 유명합니다. 강감찬이 태어날 때 그의 생가를 향해 별이 하나 떨어졌다고 합니다. 그래서 강감찬의 생가 이름이 '별이 떨어진 터'라는 뜻의 낙성대(落星垈)가 되었답니다. 서울시 관악구에 위치한 낙성대가 바로 이곳이죠.

이후 천체관측에 대한 지식이 점차 쌓이면서 천문학이 발전했는데요. 기원전 3세기 고대 그리스의 에라토스테네스가 지구의 크기를 처음으로 측정한 것을 예로 들 수 있겠습니다. 17세기에는 갈릴레오 갈릴레이가 망원경을 개량해 천체관측에 사용한 후 목성에 있는 위성 4개, 태양의 흑점 등을 발견했습니다. 이는 태양을 중심으로 지구를 비롯한 주변 행성들이 공전한다는 코페르니쿠스의 **지동설**을 입증하는 계기가 되었지요.

천체관측의 역사에서 망원경은 근대 천문학이 발전하는 데 큰 영향을 미쳤습니다. 이후 천체망원경의 성능이 점차 향상해 더욱 멀리까지, 더욱 선명하게 천체를 관측할 수 있게 되었는데요. 이를 통해 인류가 알고 있던 태양계의 범위가 토성에서 명왕성 너머까지 더욱 멀리 확장되었습니다. 또한 우리 은하 밖의 수많은 외부 은하를 관측해 우주 탄생의 미스터리를 풀어 갈 수 있게 되었죠.

현대로 오면서 천체관측과 더불어 천문학이 더욱 급격하게 발전했고, 따라서 더욱 정밀한 관측이 필요해졌습니다. 이때 마주하게 된 문제가 앞에서 언급했던 '반짝이는 별빛'에 관한 것이었죠. 이는 움직이는 대기에 따라 별빛의 경로가 바뀌기 때문이니 지구 대기에 의한 영향을 줄이면 더 좋은 관측 결과를 얻어 낼 수 있습니다. 이를 해결할 한 가지 방법은 높은 곳으로 올라가서 관측하는 것입니다. 지구의 대기는 지표면으로부터 고도가 높아질수록 점점 그 양이 줄어들기 때문이죠.

하와이에서 가장 높은 마우나케아산 정상에 위치한 마우나케아 천체관측단지가 바로 지구 대기의 영향을 최소로 한 최적의 장소입니다. 마우나케아산 정상의 해발 고도가 4,205미터나 되니 천체관측에 영향을 주는 대기가 매우 희박하죠. 이곳은 1967년에 천문학 특구로 지정되어, 세계 여러 나라에서 천체망원경 12개를 설치해 천체관측에 활용하고 있습니다.

하지만 마우나케아산과 같은 환경이 지구상에 많지는 않습니다. 그래서 미국항공우주국(NASA)은 1990년, 우주의 지구 궤도에 천체관측 망원경을 쏘아 올립니다. 그것이 바로 유명한 '허블 우주 망원경'입니다. 지구 대기의 영향을 아예 없앤 것이죠. 허블 우주 망원경은 현재도 활발하게 우주의 미스터리를 풀어 줄 귀중한 관측 자료를 발견하고 있습니다.

지구의 대기가 움직이기 때문에 별이 반짝이는 문제를 해결하기 위해 천문학에서는 이 밖에도 여러 가지 방법을 시도하고 있습니다. 대기의 움직임을 상쇄하기 위해 망원경 자체를 부분적으로 움직이게 만드는가 하면, 매우 짧은 시간 동안 여러 장의 사진을 찍어 서로 합쳐서 선명하게 만들기도 하죠. 과학의 발전을 위해 다방면으로 노력하며 성과를 내는 이 모습에서 영화 〈인터스텔라(Interstellar)〉의 다음 대사가 떠오릅니다.

"우린 답을 찾을 것이다. 늘 그랬듯이.(We will find a way. We always have.)"

우주와 별을 연구하는 천문학자

우주와 천체에 관심이 있고 밤하늘의 별에 흥미를 느끼는 친구들이라면, 한 번쯤은 '천문학자가 되고 싶다'는 생각을 해 보았을 것입니다. 그리고 천문학자가 되어 망원경을 들여다보며 우주를 연구하는 낭만적인 모습을 그려 봤을지도 모르겠네요. 하지만 천문학자의 실제 모습은 여러분이 생각하는 낭만과는 다소 거리가 있을 수도 있답니다. 커다란 천체망원경에 눈을 가까이 대고 별을 관측하는 일은 잘 하지 않죠. 요즘 천문대는 대부분 원격으로 조종하고, 망원경에 연결된 카메라(CCD 센서)로 관측 이미지를 얻어 연구에 활용한답니다. 그러니까 천문학자는 관측보다는 이론적인 연구를 하는 데 더 많은 시간을 씁니다.

천문학은 간단히 이야기하면 천체에서 일어나는 현상을 연구하고 밝히는 학문입니다. 천문학에서 다루는 대상은 지구를 제외한 모든 것이라고 할 수 있죠. 그래서 이 학문을 연구하기 위해서는 수학이나 물리학은 물론이고, 화학이나 지질학, 생물학과 같은 다양한 지식이 있어야 합니다. 또한 천체에서 일어나는 아주 복잡한 일을 이해하기 위해서는 컴퓨터를 매우 잘 다룰 수 있어야 한답니다.

천문학자는 일반적으로 천문학을 연구하는 직업을 가진 사람인데요. 대개는 박사 학위를 가지고 있습니다. 그러기 위해서는 4년 동안의 대학교 과정을 마치고, 다시 대학원에 입학해 석사를 포함해 짧게는 4년에서 길게는 7년 이상을 더 공부해서 천문학 박사가 되어야 하죠. 또 박사 학위 과정을 마치면 대부분은 대학이나 천문대, 연구소 등에서 연구를 더 해 경력을 쌓아야 하는 경우가 많습니다.

천문학자가 연구하는 천문학에는 여러 분야가 있는데요. 여기에는 태양, 태양계, 은하, 블랙홀, 우주의 역사, 천체물리학, 대형 망원경 사업 등이 있습니다. 다양한 세부 분야 중에서 자신만의 영역을 선택해 더욱 깊이 연구하게 되지요.

여러분을 위해 간단히 설명했지만, 천문학자가 되기 위해서는 굉장히 오랜 시간 폭넓은 공부와 끈기, 그리고 노력이 필요합니다. 그렇지만 우주과학에 관심이 많은 친구에게는 아주 매력

적이고 낭만적인 직업 아닐까요? 천문학자가 되어 우리나라의
천문학 발전을 이끌어 나갈 여러분을 응원합니다!

30초 복습 퀴즈

배운 내용을 찬찬히 떠올리며 아래 빈칸을 채워 보세요.

지구가 북극과 남극을 관통하는 축을 중심으로 회전하는 것을 ❶(   )
이라 한다. 이 때문에 태양은 ❷(   )에서 떠서 ❸(   )으로 진
다. 천구상의 다른 별들 또한 하루에 한 바퀴씩 회전하는 것처럼 보이는데
이를 ❹(   )이라고 한다.
한편 지구에서 관측할 때 별이 반짝이는 이유는 별에서 출발한 빛이 지구
의 ❺(   )를 통과하면서 그 경로가 불규칙하게 움직이기 때문이다.

정답 ❶ 자전 ❷ 동쪽 ❸ 서쪽 ❹ 일주운동 ❺ 대기

2

달 모양은 왜 계속 바뀌나요?

달은 지구와 가장 가까우면서 전기가 없던 시절 밤을 환하게 밝혀 주는 유일한 천체였습니다. 그래서 사람들은 호기심을 가지고 관찰하면서 상상의 나래를 폈습니다. 그래서인지 달에 관한 속담이나 노래, 시, 소설, 동화도 굉장히 많지요. 예를 들면 보름달이 뜨면 사람이 늑대로 변한다는 늑대인간 이야기, 하늘에서 내려 준 동아줄을 타고 호랑이에게서 도망간 남매가 해와 달이 된 옛날이야기 《해와 달》, 동요 〈반달〉도 있습니다. 또 "달이 둥글면 이지러지고 그릇이 차면 넘친다"라는 속담이 있습니다. 세상의 온갖 것이 한번 번성하면 다시 쇠퇴하기 마련이라는 뜻입니다. 이런 속담이 나온 이유가 뭘까요? 맞아요, 달은 태양처럼 항상 둥근 모습으로 우리 눈에 보이는 것이 아니라 자꾸 모양이 변합니다. 보름달일 때도 있고, 초승달이나 반달일 때도 있죠. 특히 우리나라 사람들은 보름달을 좋아해서 정월대보름(음력 1월 15일)이나 한가위(음력 8월 15일)가 되면 보름달을 보며 소원을 빌기도 합니다.

앞면만 보여 주는 달의 무늬

명절이 아니더라도 보름달이 뜨면 하늘을 올려다보게 됩니다. 자세히 보지 않더라도 달에는 어두운 부분과 밝은 부분이 무늬처럼 있다는 것을 알 수 있습니다. 이 무늬를 보고 사람들은 달에서 방아를 찧는 토끼나, 책을 읽고 있는 여자, 꽃게, 왼쪽을 바라보고 있는 여자의 모습 등 여러 상상을 하지요. 여러분은 어떻게 보이나요?

달도 지구처럼 높은 산과 움푹 파인 곳이 존재합니다. 달의 무늬 중 밝은 부분이 바로 **고지**라는 높은 부분입니다. ❶ 어두운 부분은 넓고 편평해 보여 **바다**라고 부르지요. 물론 달의 바다에는 지구처럼 물이 흐르지는 않습니다. 달 형성 초기에 화산 폭발이 일어나면서 현무암질 용암이 흘러나와 낮은 부분을 메꾸어서 어둡게 보이는 겁니다. 달 표면에는 크고 작은 운석들이 부딪혀서 생긴 동그랗고 움푹 파인 부분이 많아요. 이것을 **크레이터**라고 하는데 달의 바다보다는 고지에 많습니다. 또 달에는 공기가 없어 바람이 불지 않으며, 지표면에 물이 흐르지 않아서 크레이터는 생겼을 당시 모습 그대로 남아 있습니다. 이렇게 우리가 볼 수 있는 달의 부분은 앞면이라고 하고, 볼 수 없는 부분은 뒷면이라고 부릅니다. 뒷면에는 앞면보다 운석구덩이가 많아요.

그런데 여러분은 달의 옆면이나 뒷면을 본 적이 있나요? 아마 본 것도 같다고요? 달의 옆면은 살짝 볼 수도 있겠지만, 뒷면을 직접 본 사람은 매우 드뭅니다. 어디에 가야 볼 수 있을까요? 아쉽게도 어디에 가서 보든 달의 모습은 변화가 없습니다. 지구 위에서 아무리 움직여 봐도 달이 더 커 보인다든가 작아 보인다든가, 옆면이나 뒷면이 보인다든지 하는 일은 없습니다. 왜냐하면 달과 지구는 가장 가까운 천체이긴 하지만 매우 멀리 있기 때문입니다. 지구를 30개 늘어놓을 만큼, 지구를 제외한 태양계 행성들을 둘 사이에 일렬로 나란히 넣어도 될 만큼 멀지요. 하지만 호주와 같은 남반구로 간다면 북반구에 사는 우리와는 다른 순서로 달의 모습이 바뀌는 것을 볼 수 있습니다.

북반구에서는 오른쪽부터 밝은 부분이 보이기 시작하지만 남반구에서는 왼쪽부터 시작해 보름달이 되는 모습을 볼 수 있습니다. 하지만 남반구에서도 토끼가 방아를 찧는 것 같은 무늬가 있는 앞면만 볼 수 있지, 울퉁불퉁한 달의 뒷면을 볼 수는 없습니다. 달의 뒷면을 보고 싶으면 우주선을 타고 달의 뒷면으로 직접 가는 수밖에 없습니다(1959년 10월 소련의 루나 3호가 처음으로 달의 뒷면을 촬영했습니다).

자전과 공전 속도가 같은 동주기 자전

그럼 달의 뒷면은 왜 볼 수 없을까요? 달도 지구처럼 스스로 한 바퀴 도는 자전과 지구 주위를 도는 공전을 합니다. 24시간 동안 한 바퀴 자전하고 365일 동안 태양을 공전하고 있는 지구와 달리, ❷ 달은 약 27.3일 동안 지구 주위를 한 바퀴 공전하면서 같은 시간 동안 자전도 하고 있습니다. 이를 **동주기 자전(同 週期 自轉)**이라고 해요. 동주기 자전 때문에 지구에서 달은 앞면만 볼 수 있고 뒷면은 볼 수 없습니다.

달의 자전주기와 공전주기가 같다는 것과 뒷면을 못 보는게 무슨 상관이 있는 걸까요? 예를 들면 교실에 여러분은 벽에서 떨어져 동그랗게 의자를 놓고 각자 바깥쪽만 보고 앉아 있다고 가정해 보겠습니다. 뒤를 돌아보거나 옆을 볼 수도 없어요. 그 주위를 선생님이 여러분을 계속 쳐다보면서 한 바퀴 돈다면, 선생님은 칠판을 바라보고 있는 학생, 운동장 쪽을 바라보고 앉은 학생, 뒤쪽 게시판을 보고 있는 학생, 복도 쪽을 보고 있는 학생들을 모두 보겠죠. 그사이 여러분은 선생님의 옆모습은 살짝 볼 수 있을지 모르겠지만, 뒷모습을 볼 수는 없을 겁니다. 만일 여러분이 가만히 앉아 있는 것이 아니라 제자리에서 빙글빙글 돌 수 있다 해도 선생님의 뒷모습을 볼 수는 없어요. 선생님이 계속 여러분을 쳐다보면서 돌고 있다는 것은 칠판을 기준으로 90도 위치에 있는 학생을 보려면 선생님도 이동하면서 90도 정도 몸을 틀어야 가능하기 때문이에요. 즉, 한 바퀴를 돌게 되면 선생님의 몸도 360도 회전한 상태가 된 겁니다. 달도 마찬가지입니다. 지구를 향해 90도 공전할 땐 달 자체도 90도 자전하고, 360도 공전할 땐 360도 자전하고 있습니다. 그래서 달은 늘 우리에게 앞면만 보여 준답니다.

하지만 달은 하늘에 떠 있으니까 뒷면을 볼 수도 있지 않을까 하는 생각도 들 겁니다. 하지만 여러분도 알다시피 달이나 태양 모두 동쪽에서 떠서 서쪽으로 집니다. 이것은 달이 아닌 지구 때문입니다. 지구가 하루 24시간 동안 반시계방향(서에서 동)

으로 한 바퀴 회전(자전)하기 때문에, 하늘에 있는 모든 천체가 1시간에 15도씩 동에서 서로 이동하는 것처럼 보이는 거죠. 마치 차를 타고 가면서 창밖을 보면 건물이나 산이 뒤로 가는 듯 보이는 것과 마찬가지입니다. 사실은 차가 이동하는 것이지 건물이나 산이 움직이지 않는 것과 같이 지구가 움직여서 태양이나 달, 별이 동쪽에서 떠서 서쪽으로 지는 것처럼 보이는 겁니다. 즉 지구는 상대적으로 빠른 속도로 하루에 한 바퀴 자전하고 있고, 그 지구에 있는 우리가 달을 보니 달이 동에서 떠서 서로 지는 것으로 보이는 거죠. 그런데 여러 날 동안 달을 관찰하면 달의 모양이나 달이 뜨고 지는 위치나 시간이 조금씩 변한다는 것을 알 수 있습니다. 심지어 안 보이는 날도 있고 낮에 보일 때도 있지요! 그럼 달도 전등처럼 빛을 냈다가 안 냈다가 할 수 있는 걸까요?

삭에서 망까지, 달의 위상 변화

태양계에서 스스로 빛을 낼 수 있는 천체는 태양이 유일합니다. 스스로 빛을 내면 모든 방향으로 빛이 뻗어 나가게 되어 항상 동그란 공 모양으로 보입니다. 하지만 ❸ 달의 모양이 변하는 걸로 보아 달은 스스로 빛을 낼 수 없다는 것이 확실합니다. 달이 빛나 보이는 것은 어두운 밤에 불을 모두 끄면 깜깜해서 아무것도 안 보이지만 불을 켜는 순간 물체가 보이는 것과 같습니다. 다시 말해 물체가 반사한 빛이 우리 눈에 들어와야 볼 수 있는 거랍니다. 빛이 모두 반사되면 흰색으로, 빨간색만 반사하면 빨간색으로, 모두 흡수하고 반사하지 않으면 검은색으로 보입니다. 즉, 태양 빛이 달에 반사된 후 그 빛이 우리 눈에 도착해야 비로소 빛나는 달이 보이는 거지요. 우리가 달에서 지구를 본다고 해도 마찬가지입니다. 태양 빛이 지구에 반사된 후 달에 있는 우리 눈에 도달해야 푸르게 빛나고 있는 지구를 볼 수 있습니다. 그러니 달이 안 보이는 건 달이 사라진 것이 아니라 달에 반사된 태양 빛이 지구에 닿지 않았다는 걸, 다시 말해 빛을 반사하는 부분이 지구를 향하고 있지 않다는 걸 의미합니다.

그래서 밤하늘에 뜬 달은 항상 둥근 보름달 모양이 아닙니다. 안 보일 때도 있고, 초승달이거나 반달일 때도 있어요. 달이 자유자재로 모양을 바꾸는 걸까요? 실제 달의 모양은 지구와 같이 둥근 공 모양을 하고 있고 이 모양은 변함이 없습니다. 그럼 지구의 그림자에 달이 가려지면서 모습이 달라 보이는 걸까요? 달이 지구 그림자에 가려질 때가 있기는 하지만 자주 일어나는 일은 아닙니다. 그렇다면 태양 빛이 매일 다르게 달을 비춰 주고 있는 걸까요? 많이 비췄다가, 적게 비췄다가? 비슷합니다만 태양 빛은 온 우주로 골고루 뻗어 나가며 비춰 주고 있어요. 달라지는 것은 바로 태양-달-지구의 위치입니다. 달이 지구 주위를 공전하기 때문에 지구에서 봤을 때 태양 빛을 지구로 반사하는 면적이 달라져 달의 모습이 다르게 보이는 겁니다.

오른쪽의 그림을 보면 이해하기가 조금 더 쉬울 것 같네요. 태양 주위를 지구가 공전하고 지구 주위를 달이 공전하고 있습니다. 달은 스스로 빛을 낼 수 없으니 태양 빛을 받는 부분만 밝게 빛납니다. 이것을 표현한 것이 바로 그림에서 지구와 가까이 그려진 반달 모양 부분입니다. 달이 어느 위치에 있든 모두 똑같이 태양을 향한 부분만 밝게 빛나고 있습니다. 하지만 지구에서 바라볼 때는 T자 형태로 표시한 영역만 보이게 됩니다.

그림 속 지구에 우리가 들어가 있다고 생각하고 책을 회전하면서 보세요. 달이 태양 쪽에 나란히 위치했을 때(태양-달-지구) 어떻게 보일까요? 책을 90도 회전시켜 지구에서 달을 바라봐 주세요. 태양을 향하고 있는 달의 절반 부분은 밝게 빛나지만, 지구에서 보이는 부분은 검게 표시되어 있습니다. 밝은 부분은 지구의 반대편이므로 보이지 않지요. 우리가 보는 달 부분은 햇빛이 닿지 않으니 반사해서 우리 눈에 올 빛도 없는 셈입니다. 그래서 달이 보이지 않습니다. 이런 달을 삭(朔)이라고 합

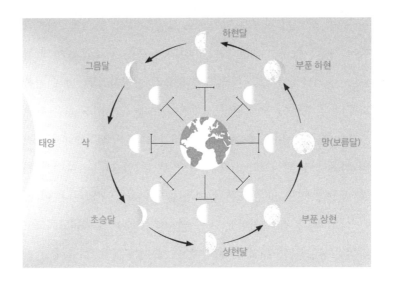

달의 위상 변화

니다. 음력으로 1일, 29~30일쯤에 태양과 같이 뜨고 같이 지는 달이지요. 이번엔 삭에서 반대로 책을 돌려 달이 태양 반대 방향에 위치한 부분(태양-지구-달)을 봐 주세요. 이때는 달이 태양 빛을 반사하는 면을 지구에서 다 볼 수 있게 되므로 둥근 모습인 보름달을 볼 수 있습니다. 보름달을 다른 말로 **망(望)**이라고 합니다. 음력 15일 오후 6시쯤 동쪽 하늘에서 떠서 새벽 6시쯤 서쪽 하늘로 집니다. ❹ 이날은 밤새도록 보름달을 볼 수 있는 것이지요.

그럼 삭에서 반시계 방향으로 조금 회전한 위치에 있는 달을 볼까요? 이때는 태양 빛이 반사되는 부분이 조금 보이게 됩니다. 우리나라가 있는 북반구 기준으로 설명하자면, 달의 왼쪽 가장자리 부분이 살짝 보이는 위치예요. 우리는 이걸 처음 떠오른 달이라는 의미로 **초승달**이라고 부릅니다. 음력 2~3일경 초저녁 서쪽 하늘에서 해 진 후 잠깐만 볼 수 있습니다. 삭에서 시계 방향에 있는 달은 오른쪽 가장자리가 살짝 보입니다. 이 달은 삭이 되기 전 마지막에 뜨는 달이라는 의미로 **그믐달**이라고 합니다. 음력 27~28일경 새벽 해 뜨기 전에 동쪽 하늘에서 잠시 볼 수 있습니다.

삭에서 90도 회전한 위치(그림의 아랫부분)에서는 둥근 달의 오른쪽 절반이 보이게 됩니다. 활시위가 위쪽에 있는 상태로 뜬다고 해서 이를 **상현(上弦)달**이라고 합니다. 상현달은 음력 7~8일경 초저녁 해가 지면 남쪽 하늘에 높게 떠 있는 것을 볼 수 있습니다. 하지만 관찰하기 가장 좋은 한밤중이 되면 서쪽으로 집니다. 보름달을 지나 270도 회전한 위치(그림의 윗부분)에서는 반대로 왼쪽 둥근 부분이 보이게 되는데 이는 **하현(下弦)달**이라고 합니다. 하현달은 음력 22~23일경 한밤중에 동쪽 하늘에서 떠서 해가 뜨기 시작하는 새벽이 되면 남쪽 하늘 높게 떠 있어요. 서쪽 하늘로 지려면 시간이 더 지나야 하지만 태양 빛이 눈 부셔서 잘 보이지 않게 됩니다.

이렇듯 태양-달-지구의 위치와 각도에 따라 삭-상현-보름 (망)-하현-삭의 순서로 달의 겉보기 모습이 주기적으로 변하는 것을 **위상 변화**라고 합니다. 어렵게 느껴진다면 무대 위 가수에게 조명을 비추고 있다고 생각해 보세요. 조명이 뒤에 있고 그 앞에 가수가 서 있으면 가수는 검게 보이지만, 앞쪽에서 조명을 비추면 앞모습이 환하게 보이고, 옆에서 비추면 옆모습은 잘 보이나 나머지 절반은 잘 안 보이는 것과 마찬가지입니다.

달의 위상 변화 그림을 보면서 태양 빛이 비춰 밝게 표시한 부분이 앞면이고 검게 표시한 부분이 뒷면이라고 잘못 이해하는 사람도 있습니다. 그래서 달의 뒷면은 태양 빛이 닿지 않아 항상 엄청나게 추울 거라고 생각합니다. 하지만 달은 동주기 자전을 하므로 삭의 위치에 지구를 향해 있는 검은 부분이 바로 달의 앞면입니다. 이때 달의 뒷면은 태양 빛에 완전히 노출된 상태예요. 보름달인 경우만 뒷면이 태양 빛을 하나도 못 받는 상태인 거죠. 즉, 지구를 향해 있는 부분이 모두 앞면이므로 달은 공전하면서 모든 면에 골고루 태양 빛을 받고 있습니다.

달의 위상 변화는 약 한 달(약 29.5일)마다 반복적으로 일어납니다. 달의 자전주기와 공전주기는 약 27.3일이나, 달이 지구를 공전하는 동안 지구도 태양 주위를 공전하기 때문에 보름달을 보고 난 후 다음 보름달을 보려면 약 29.5일이 걸립니다. 다시 말해서 달은 정확하게 360도 회전했는데, 그사이에 지구도 이동하니 달도 더 이동해야 태양-지구-달이 일직선에 위치해 보름달을 볼 수 있게 되는 것이죠. 이를 **삭망월**이라고 합니다. 달의 모습은 규칙적으로 바뀌기 때문에 선조들은 이를 이용해 '음력'이라는 달력을 만들어 사용했습니다. 달의 모습을 보면 음력 날짜를 알 수 있는 거지요. 하지만 음력은 29.5일 기준으로 29일 또는 30일을 한 달로 하므로 12달이 지나도 태양 주기를 기준으로 한 '양력'인 365일에서 11일이 모자랍니다. 그래서 19년에 일곱 번씩 '윤달'이라는 달을 넣어 날짜를 맞춘답니다.

달과 해가 사라지는 일식과 월식

옛날 가막나라(암흑의 나라)의 임금님이 어둠 속에서 사는 백성들이 걱정되어 사나운 불개에게 해와 달을 훔쳐 오라고 명령합니다. 불개는 해를 입으로 물었지만 너무 뜨거웠고 달은 너무 차가워 뱉어 버렸답니다. 하지만 임금님은 포기하지 않고 더 사나운 불개를 계속 보내 해와 달을 훔쳐 오려고 합니다. 정말 이 설화에 나오는 불개 때문에 하늘에 있는 해와 달이 없어졌다 나타났다 하는 걸까요?

물체에 빛을 비추면 빛을 받는 면은 밝고 그 뒷면에는 그림자가 생깁니다. 태양 빛이 비친 달이나 지구도 마찬가지로 그림자가 생깁니다. 지구의 그림자에 달이 가려질 때 **월식(月蝕)**이 일어나요. 태양-지구-달이 일직선에 있을 때, 즉 보름달이 되는 위치에 지구 그림자 속으로 달이 공전하면서 들어가게 되면, 한자어를 있는 그대로 풀이한 것처럼 '달을 좀먹는' 현상이 일어나는 것이죠. 일부가 어둡게 보이면 **부분월식**, 전부가 어두워 보이면 **개기월식**이라고 해요. 달의 중심이 지구 본그림자를 통과하는 월식을 **중심식**이라고 하는데 대략 1시간 40분 동안 일어납니다. 월식이 보름달 위치에 생기는 현상이라면 왜 매번 발생하지 않는 걸까요? 태양은 항상 밝게 빛을 내뿜고 있으므로 지구 그림자도 항상 있을 거고요. 그러나 달의 공전궤도면(백도)이 지구의 공전궤도면(황도)에 약간 기울어져 있는 타원궤도라 일직선을 이루기가 쉽지 않습니다. 하지만 일단 월식이 일어나면 지구에 있는 대부분의 사람이 관측할 수 있습니다.

그렇다면 일식은 어떻게 일어나는 걸까요? ❺ **일식(日蝕)**은 달이 지구 둘레를 공전하다가 태양과 지구 사이에 위치할 때, 즉 태양-달-지구의 순서로 일직선상에 위치하게 되면 일어납니다. 태양 앞에 달이 있으니 달 그림자는 지구에 생기지 태양에 생기지 않겠지요. 달은 태양에 비해 400분의 1만큼 작지만 대신 지구에서 태양까지의 거리가 지구에서 달까지의 거리보다 400배 멀어 우리 눈에 크기가 비슷해 보입니다. 그래서 태양 앞에 달이 정확하게 위치하면 태양이 완전히 가려져 밤처럼 깜깜해지는 **개기일식**이 일어납니다. 지구와 달 사이의 거리가 멀면 태양을 완전히 가리지 못해서 태양의 테두리가 금빛으로 빛나게 보이는 **금환일식**이 일어납니다. 예를 들면 엄지손가락을 눈앞에 들어 교실 앞에 있는 선생님 얼굴을 가려 봐요. 선생님 얼굴보다 엄지손가락이 훨씬 작지만 눈과 엄지손가락의 거리 조절만 잘 하면 딱 가려지게 되죠. 하지만 거기서 조금만 거리가 멀어져도 다 가려지지 않지요. 또한 일식이 일어난다 해도 지구의 모든 지역에서 관찰할 수 없어요. 태양과 달의 거리에 따라 다르지만, 개기일식이 일어나는 지역은 보통 2~4분, 길어야 7~8분 정도로 월식에 비해 매우 짧은 시간 동안만 관찰할 수 있어요. 어떤 지역은 태양의 일부분만 가려지는 **부분일식**을 볼 수 있고, 아예 일식 자체를 볼 수 없는 지역도 있답니다. 이는 태양이 달에 완전히 가려질 때 생기는 달 그림자는 매우 작은데, 그 그림자가 드는 지역에서만 개기일식을 관찰할 수 있기 때문입니다. 손가락을 그대로 두고 얼굴을 살짝 돌리기만 해도 선생님 얼굴이 가려지지 않는 것과 같은 이유입니다.

다양한 달: 레드문, 블루문, 슈퍼문

달의 모습에 따라 붙여진 이름 말고 뉴스에 가끔 등장하는 레드문, 블루문, 슈퍼문은 도대체 무슨 달을 말하는 걸까요?

지구 그림자 속으로 달이 완전히 들어가는 개기월식이 일어나면 개기일식처럼 하늘이 칠흑 같은 어둠으로 뒤덮일 것이라 생각하기 쉽습니다. 하지만 지구 대기에 굴절된 태양 빛이 달에 닿게 됩니다. 지구 대기를 통과하면서 푸른빛은 산란되어 흩어지고, 산란이 잘 안 되는 붉은빛은 달에 닿은 후 반사되어 지구로 돌아옵니다. 그래서 까맣게 없어져야 할 보름달이 우리 눈에 붉게 보이는 **레드문**(Red Moon) 또는 **블러드문**(Blood Moon)이 되는 거지요. 실제 우주에서 달을 본다면 회색에 가까워요.

그럼 **블루문**(Blue Moon)은 달이 파란색으로 보인다는 걸까요? 생각만 해도 무섭지만, 실제 색과는 상관없으니 안심해도 됩니다. 보통 보름달은 한 달에 한 번만 뜹니다. 하지만 가끔 어떤 달에는 양력 1일이나 2일에 한 번 보름달이 뜨고, 30일이나 31일에 또 한 번 보름달이 뜨는 때가 있습니다. 이 두 번째 뜨는 보름달을 블루문이라고 해요. 서양에서는 Blue라는 의미가 '파란색, 푸르다'라는 뜻 외에 '우울한'이라는 뜻도 있습니다. 달을 풍요의 상징으로 보는 동양과 다르게 서양에서는 불길한 존재라고 봤기 때문에 이렇게 부르게 되었습니다. 한 달에 두 번이나 달을 보니 나쁜 일이 일어날 것만 같은 불길한 느낌이 들었겠지요. 하지만 한 달에 두 번이나 보름달이 뜨는 이유는 삭망월(29.5일)이 한 달을 30일이나 31일로 사용하는 양력과 달라서 생기는 현상일 뿐입니다.

언론에 많이 등장하는 **슈퍼문(Super Moon)**은 얼마나 큰 달일까요? 하지만 달이 실제로 커지거나 작아지거나 하는 일은 일어나지 않아요. 달은 지구 주위를 아주 약간 찌그러진 원의 형태, 즉 원형에 가까운 타원형으로 돌고 있어요. 그래서 달이 지구에 가장 가까운 지점(근지점)인 약 36만 킬로미터 근처면서 망의 위치에 오면 평소의 보름달보다 크고 밝게 보이게 되는데, 이 달을 슈퍼문이라고 부르는 거지요. 반대로 가장 먼 지점(원지점)인 약 40만 킬로미터 근처에서 보름달이 되면 **미니문(Mini Moon)**이라고 합니다. 슈퍼문은 미니문보다 14퍼센트 정도 더 크고, 30퍼센트 정도 더 밝아 보입니다.

핑크 슈퍼문, 럭키문 등은 점성술사나 언론이 사람들의 관심을 끌려고 사용하는 것입니다. 실제 천문학에서 사용하는 용어는 아니지요. 그래도 대중들이 이해하기 쉽고, 호기심을 자극하는 명칭이라 천문 행사에서는 종종 사용합니다.

2018년 1월에는 슈퍼 블루 블러드문이 있었고, 2020년 10월에는 블루문이면서 미니문인 달이 떴습니다. 슈퍼 블루 블러드 문은 2037년 1월 31일에 볼 수 있다고 합니다. 인터넷 캘린더에 기록해 놓고 알람을 맞춘 후 꼭 관측해 보세요. 그 외의 일식과 월식이 언제 또 일어날지 궁금하다면 한국천문연구원 천문우주지식정보 사이트(astro.kasi.re.kr)로 들어가 천문학습관을 살펴보면 찾을 수 있습니다.

30초 복습 퀴즈

배운 내용을 찬찬히 떠올리며 아래 빈칸을 채워 보세요.

지구에 사는 우리는 달의 ❶(   )만 볼 수 있다. 달은 지구 주위를 공전하는 데 걸리는 시간 동안 자전하는 ❷(   )을 하기 때문이다. 달은 스스로 빛을 내지 못하기 때문에 ❸(   )을 받는 면만 밝게 보인다. 달이 공전하면서 태양-달-지구의 위치가 바뀜에 따라 달의 모습이 바뀐다. 이를 달의 ❹(   )라고 한다. 태양-지구-달의 순서로 일직선에 위치하면 지구의 그림자에 달이 들어가 ❺(   )이 일어난다.

정답 ❶ 앞면 ❷ 자전 동주기 ❸ 태양 빛 ❹ 위상 변화 ❺ 월식

사람이
달에 갔다는 거

정말인가요?

30초 예습 퀴즈

달 탐사에 대해 얼마나 알고 있는지 OX 문제를 풀어 보세요.

❶ 우주에 가장 먼저 사람을 보낸 나라는 미국이다.   (O , X)

❷ 달에는 대기가 있어서 깃발이 펄럭인다.   (O , X)

❸ 달에서 별을 보려면 지구에서처럼 밤이 되길 기다려야 한다. (O , X)

❹ 아폴로 11호 이후 달에 사람을 보낸 적이 없다.   (O , X)

❺ 달에 도착한 우주인은 지구에서 달까지의
   거리 측정을 위해 반사경을 설치해 놓았다.   (O , X)

"한 사람에게는 작은 한 걸음이지만, 인류에게는 위대한 도약입니다(That's one small step for a man, one giant leap for mankind)"

지구에서 발사된 지 사흘이 지난 1969년 7월 20일 오후 10시 56분. **아폴로 11호**의 선장 닐 암스트롱이 인류 최초로 달 표면에 발을 내디디며 한 말입니다. 그 뒤를 이어 착륙선 이글호의 조종사 버즈 올드린도 달 위를 걸으면서 "생각보다 쉽다"라고 했습니다. 전 세계 5억 명이 넘는 사람들이 인류가 달에 과연 성공적으로 착륙할 수 있는지 궁금해하며 두근거리는 마음

아폴로 11호가 달에 있는 고요의 바다에 착륙해 패시브 지진 실험계(맨 앞)와 거리 측정용 거울 (LR-3, 흰색 원)을 설치한 모습. 뒤편에 성조기와 이글호가 보인다. (출처: 미국항공우주국)

으로 텔레비전 앞에 모였습니다. 우리나라도 이날(한국 시각 7월 21일)을 임시 공휴일로 지정해 실시간으로 이 감동의 순간을 시청했습니다.

그런데 이게 모두 소련(러시아)을 이기기 위해 미국이 만들어 낸 전 세계를 대상으로 한 사기극이라는 말이 있습니다. 당시 미국항공우주국과 계약을 맺은 언론 홍보 회사에서 잠깐 근무했던 빌 케이싱이 1976년에 《우리는 달에 간 적이 없다(We Never Went to the Moon: America's Thirty Billion Dollar Swindle)》라는 책을 출판하면서 아폴로 계획 음모론(Moon Hoax)은 시작되었습니다. 이 음모론을 듣다 보면 나도 모르게 고개가 절로 끄덕여지면서 '어! 정말 안 간 거 아냐?'라는 의심이 듭니다. 지금보다 과학기술이 덜 발전했던 당시에는 더욱더 사람들 마음속에 파고들어 널리 퍼지게 되었지요. 인류가 달에 착륙한 위대한 순간을 순수하게 받아들이지 못하고 왜 이렇게 의심했을까요? 이 의문을 해결하려면 당시 시대 상황에 대해 알 필요가 있습니다.

우주탐사 경쟁 시대와 음모론

제2차 세계대전을 지나고 냉전 시대였던 당시 소련과 미국은 과학적·정치적·군사적인 목적을 위해 로켓 개발을 연구했습니다. 사실 우주로 로켓을 쏘아 올릴 수 있는 기술이면 핵무기를 탑재한 미사일을 언제든지 상대국으로 쏠 수 있기에 더욱 치열하게 경쟁했습니다. 소련은 미국보다 먼저 1957년에 '스푸트니크 1호'라는 인공위성을 쏘아 올렸고, 미국 전역은 충격과 공포에 빠졌습니다. 소련이 저 인공위성으로 미국 전역을 감시한다고 느꼈으니까요. 이에 미국도 1958년에 미국항공우주국을 설립하고 연구해 인공위성을 쏘아 올리는 데 성공했습니다. 하지만 소련은 한발 더 앞서서 1959년에는 사람은 타지 않은 무인 달 탐사선을 보내 달 표면에 충돌(루나 2호)시키기도 하고, 달 뒷면 촬영(루나 3호)에 성공하기도 했습니다. 심지어 1961년에는 최초로 우주선 '보스토크 1호'에 유리 가가린이 탑승해 지구를 한 바퀴 도는 등 우주 기술 분야에서 미국보다 앞서 나갔습니다.

이에 미국은 소련보다 먼저 1960년대에 사람을 태운 유인우주선을 달에 착륙시켜 자존심을 회복하고 싶었습니다. 그래서 엄청난 예산을 쏟아부으며 머큐리 계획부터 아폴로 계획까지 차례대로 우주탐사 계획을 세우고 실행해 나갔습니다. 아폴로 1호를 발사하기 전 시험을 하다가 우주 비행사 세 명이 사망하는 안타까운 사고가 있었지만, 1968년 12월에는 아폴로 8호가 달 주위를 열 바퀴 도는 데 성공하고, 1969년 5월에는 아폴로 10호가 달 착륙선을 분리해 달 표면 근처에 내려보내는 실험도 성공했습니다. 이를 바탕으로 ❶ 1969년 7월 20일 저녁, 닐 암스트롱과 마이클 콜린스, 그리고 버즈 올드린 이 세 명의 우주 비행사를 태운 미국의 아폴로 11호가 드디어 소련보다 먼저 달 착륙에 성공하게 된 것이지요. 즉, 이런 실패와 성공을 반복하는 과정에서 우주과학 기술을 발전시켜 최초의 달 착륙 성공을 이끌어 낸 것이지, 첫 시도로 단숨에 성공한 것이 아닙니다.

하지만 음모론을 제기하는 사람들은 그 과정은 모르고 또는 자신들의 목적을 위해 생략하고, 아폴로 11호 착륙만을 거론하며 달 착륙을 할 만한 기술이 미국에는 없었다고 주장하는 것이죠. 당시에도 미국 정부가 해명했지만 안타깝게도 그걸 믿지 않는 사람이 많았답니다. 〈문워커스(Moonwalkers)〉, 〈아폴로 프로젝트(Operation Avalanche)〉는 달 착륙 영상은 조작된 것이라 주장하는 입장에서 만든 영화입니다. 그 외에도 우리나라에 소개되지 않은 영화와 다큐멘터리가 많이 있습니다. 그런데 달은 지구에서 얼마나 멀리 떨어져 있길래 그 당시 기술로는 갈 수 없었을 거라 생각했을까요? 달은 지구로부터 약 38만 4,000킬로미터 떨어져 있습니다. 지구 지름이 약 1만 2,700킬로미터니 지구 30개를 나란히 놓으면 달에 닿을 수 있을 정도의 거리네요. 그러니 1960년대에 달에 사람을 보낼 수 있었다는 사실을 아직도 믿을 수 없는지도 모르겠군요. 자, 그럼 음모론에서 제기하는 의혹들을 하나씩 살펴보며 근거가 있는지 판단해 볼까요?

음모론 파헤치기

1. 공기가 없는 달에서 성조기가 펄럭인다

가장 많이 제기하는 의혹이죠. ❷ 달에는 공기가 없고, 공기가 없으면 바람이 불지 않으니 당연히 깃발이 펄럭이지 않아야 합니다. 하지만 그건 깃대가 땅에 꽂혀 있고 깃발이 걸려 있는 상태일 때 해당하는 이야기입니다. 아폴로 11호가 가져간 성조기는 달에 꽂았을 때 잘 보이도록 윗부분에 가로로 막대를 넣고 밑부분에는 줄을 넣었습니다. 일부러 조금 울게 해서 마치 펄럭이는 것처럼 보이게 고정시켜 놓은 것입니다. 사실 이 상태로 들고 이동해도 펄럭이는 것처럼 보였을 테지만, 영상을 보면 깃대를 달 표면에 꽂을 때 받은 작은 충격으로 깃발이 흔들린 것을 알 수 있습니다. 여러분이 연필을 운동장에 꽂아 본다면 바람이 불지 않더라도 꽂는 순간 발생한 진동으로 연필이 살짝 흔들리는 것처럼 말이죠. 그리고 무엇보다 미국은 소련보다 먼저 달에 갔다는 것을 전 세계 사람들에게 과시하고 싶었기 때문에, 성조기가 멋지게 펄럭이는 모습으로 달에 꽂혀 있어야 했어요. 그걸 위해서 철사로 연출을 한 것입니다.

2. 깜깜한 하늘에 별이 보이지 않는다

지구에서도 공기가 맑은 시골에 가면 밤하늘에 수없이 많은 별이 보이는데, 공기도 없고 밝은 네온사인이나 조명도 없는 달에서 별이 보이지 않는다니! 의심스럽네요. '스튜디오에서 촬영하고 편집하는 과정에서 깜빡하고 별을 안 넣었나 보다!'라고 생각할 만하지요. 하지만 지구에서도 카메라로 밤하늘을 찍으면 별이 나오지 않습니다. 별이 나오게 하려면 다른 빛이 없는 아주 어두운 곳에서 카메라 노출 시간을 길게 해야 합니다. 요즘 아무리 발달한 스마트폰이나 디지털카메라로 찍는다 하더라도 순간적으로 찍은 사진에서 별은 보이지 않습니다. 별빛은 매우 약하기 때문이지요. 더욱이 아폴로 11호가 도착한 달의 영역은 그 당시 낮이었습니다. 지구에서도 낮에는 햇빛이 강해 별이 보이지 않듯이, 달에서도 마찬가지 이유로 별이 보이지 않는 것이죠. 더욱이 달은 대기가 없어서 달 표면에서 많은 양의 햇빛이 반사됩니다. 그래서 지구보다 더 밝아요. 사진기는 밝은 물체와 어두운 물체를 동시에 찍지 못합니다. 만일 어두운 하늘에 노출을 맞춰서 찍었다면 달 표면에 있는 모든 것은 뭐가 뭔지 구분도 안 될 만큼 하얗게 나왔을 겁니다. 또한 지구 기준으로 낮에 하늘이 푸르다고 해서 낮이면 어디에서나 푸른 하늘이 보일 것이고, 까만 하늘이면 무조건 밤이라고 착각하면 안 됩니다. 지구의 하늘이 푸른색인 것은 태양 빛이 대기를 통과하면서 산란되는 푸른빛이 우리 눈에 보이기 때문이거든요. 따라서 대기가 없는 달은 빛이 산란되지 않을 테니 달의 하늘은 낮이든 밤이든 언제나 까맣습니다. ❸ 당연히 달에서도 해가 지면 밤이 될 것이고 별이 보일 겁니다. 하지만 밤이 되었더라도 사진기의 노출 시간을 길게 잡고 찍어야 별이 찍힌다는 걸 잊지 마세요. 그러니 아폴로 11호가 찍은 사진이나 영상에서 별이 안 보이는 건 당연한 거겠죠?

3. 그림자 방향이 제각각이다

'달의 유일한 광원은 태양이며, 빛은 직진하는 성질이 있으므로 그림자는 모두 같은 방향으로 생겨야 한다. 그런데 사진에 찍힌 그림자 방향이 제각각인 걸 보니 이건 스튜디오에서 조명을 켜 놓고 연출해서 찍은 사진이 분명하다!'라는 의혹이 있습니다. 굉장히 그럴싸하지요? 하지만 만일 정말로 스튜디오에서 조명을 켜 놓고 찍은 것이라면 광원이 여러 개가 되므로 물체 하나에 그림자가 조명 수만큼 생겨야 합니다. 하지만 달에서 찍은 사진의 그림자를 보면 방향은 제멋대로지만 그 수는 하나뿐입니다. 그렇다면 방향이 제각각인 것은 왜 그럴까요? 간단한 실험을 하나 해 봅시다. 여러 물체가 놓인 책상 위에 그림자가 생길 정도의 높이로 손을 가까이 가져가 보세요. 그러면 손 모양 그대로 그림자가 생기는 것이 아니라 책상 위에 놓인 울퉁불퉁한 물체의 면을 따라 그림자가 꺾이면서 생기는 것을 볼 수 있습니다. 이처럼 달 표면이 매끈하지 않고 울퉁불퉁하기 때문에 그림자 방향이 꺾인 것처럼 찍힌 겁니다.

4. 착륙 장면은 누가 찍은 걸까

아폴로 11호의 착륙선 이글호가 착륙했을 때와 암스트롱이 이글호에서 나와서 사다리를 타고 내려갈 때, 처음으로 달에 발을 내딛는 장면은 모두 누가 찍어 준 것일까요? 달에 카메라맨을 데리고 가 후다닥 먼저 내려서 촬영하고, 달에 남겨 둔 채로 돌아왔을까요? 누군가가 촬영해 준 것처럼 각도도 멋져서 의심을 받았지요. 사실 이글호가 달에 착륙하고 있는 모습은 사령선 안에 있던 콜린스가 찍은 겁니다. 암스트롱이 이글호에서 내리는 장면은 다리에 달린 카메라로 찍은 것이고요. 또 암스트롱과 우주 비행사들은 지구에서 촬영 연습을 충분히 하고 갔기 때문에 멋진 사진을 찍을 수 있었습니다. 물론 수많은 연습에도 많은 실패작이 생겼지만, 이것은 공개하지 않았을 뿐입니다. 하지만 음모론자들의 억측이 계속 이어지자 결국 미국항공우주국은 잘 못 나온 사진도 공개했습니다. 여러분도 미국항공우주국 홈페이지에 들어가면 찾아볼 수 있답니다.

5. 달에는 발사대가 없다

더불어 가장 궁금해하는 것이면서 이해하지 못하는 것 중 하나가 '달에는 이글호가 이륙해서 지구로 돌아오기 위한 발사대가 없다'는 것입니다. 지구에서 달로 우주선을 쏘아 올릴 때는 거대한 발사대와 로켓이 필요합니다. 아폴로 11호도 그렇게 발사했지요. 그런데 달에는 돌아올 때 필요한 발사대뿐만 아니라 로켓도 없었죠. 그러니 만일 갔다 하더라도 돌아올 수 없었을 것이고, 세 명의 우주 비행사가 멀쩡히 미국에 있다는 것은 실제로는 달에 가지 않았기 때문이라는 겁니다. 하지만 이것은 달이 지구와 같다고 생각해서 생긴 오해입니다. 달은 지구와 달리 대기가 없고 중력이 지구의 6분의 1밖에 되지 않습니다. 즉 달을 탈출하기 위해서는 지구에서 지구 중력을 이겨 내고 대기의 마찰을 뚫고 우주로 발사하는 것만큼 큰 힘이 필요하지 않습니다. 즉, 지구를 탈출하려면 11.2km/s의 속력이 필요하지만 달은 2.38km/s의 속력만 필요하답니다. 그러니 큰 발사대는 필요 없습니다. 달 착륙선 이글호는 윗부분과 아랫부분이 분리되는 2단계로 설계되었습니다. 아랫부분에는 착륙용 엔진에 들어가는 연료만 넣어 착륙할 때 사용하고 그 후에는 발사될 때 발사대 역할을 합니다. 윗부분은 암스트롱과 올드린 두 사람만 탈수 있도록 작게 만들고 달 궤도까지 올라올 정도의 연료만 넣어 무게를 줄였습니다. 이렇게 떠오른 이글호는 달 주위를 돌고 있었던 사령선 콜롬비아호까지만 날아올라 도킹해서 지구로 돌아오면 되니 발사대나 추진체가 클 필요가 없었습니다. 그리고 도킹 후에 콜롬비아호에 옮겨 타고 이글호를 버려 가벼워지자 적은 연료를 가지고도 지구로 무사히 돌아올 수 있었습니다. 그래서 아폴로 11호에 타고 있던 모든 우주 비행사가 달에 착륙한 것이 아니라 암스트롱과 올드린 두 명만 내려가서 탐사했고, 이들을 데리고 지구로 돌아오기 위해 달 주위를 도는 사령선에 나머지 한 명인 콜린스가 남아 있었던 것이죠.

6. 아폴로 11호 이후 달에 간 적이 없다

음모론에서 제기하는 질문 중 하나는 '정말 달에 갔다 왔다면 아폴로 11호 이후 왜 달에 다시 가지 않는가?'라는 겁니다. 앞에 한 번 언급했지만 이건 아폴로 11호가 달에 간 첫 시도였다고 오해해서 생긴 문제입니다. 아폴로 1호의 사고 이후 세 차례 무인 테스트를 거쳐 착륙은 하지 않았지만 착륙을 위한 사전 실험을 위해 아폴로 7~10호까지 우주 비행사를 태운 우주선이 달에 갔다 왔었고, 11호가 착륙한 이후에는 12호, 14~17호까지 달에 착륙해 임무를 수행하고 왔습니다. 달 착륙에 최초로 성공한 것이 아폴로 11호라 사람들의 머릿속에 인상 깊게 남아있는 것이죠. 그 이후로는 착륙에 성공했어도 크게 관심을 받지 못해 언론에서도 중요하게 다루지 않았습니다. 원래 계획에 따르면 아폴로 20호까지 달에 보내려 했지만 베트남전쟁으로 재정이 좋지 않았던 미국이 어마어마한 돈을 들여 달에 계속 사람을 보내는 것이 미국인에게는 쓸데없는 돈 낭비로 보였습니다. 국민들은 그 돈을 실제 와닿지 않는 우주보다는 당장 직면해 있는 베트남전쟁에서 이기기 위한 무기 개발에 지원하거나, 생활이 어려운 사람들을 위해 쓰라고 요구했습니다. 이미 실험으로 달의 구조나 성분 등을 알아낸 데다가 달 탐사에 대한 대중의 관심이 적어지고 비난까지 받았던 미국항공우주국은 17호까지만 발사하고 결국 아폴로 계획을 그만두게 되었습니다.

7. 밴 앨런대, 그 무시무시한 방사능 지대를 통과했을까

지구의 대기권을 뚫고 우주로 나가기 위해서는 밴 앨런대라는 방사선 영역을 통과해야 합니다. 인공위성의 태양전지나 전자 장비의 훼손 없이, 우주 비행사들이 방사능의 영향을 받지 않고 어떻게 안전하게 통과할 수 있었을까요? 그것도 1960년대 기술로 말이죠. 듣기만 해도 무서운 방사선은 크게 세 종류로 나누어 볼 수 있습니다. 알파선은 종이 한 장으로도 막을 수 있으며, 베타선은 얇은 금속판으로, 감마선은 콘크리트나 납으로 막을 수 있습니다. 실제로 밴 앨런대는 주로 알파선과 베타선으로 이루어져 있으며, 감마선은 잡아둘 수 없습니다. 따라서 우주 비행사가 밴 앨런대를 지나면서 받는 전체 방사량은 인체에 무해한 수준인 1년간 방사선 피폭 허용치보다도 훨씬 적은 수

준이니 문제될 것이 없습니다.

8. 1960년대에 성능이 뛰어난 컴퓨터가 있었을까

개인용 컴퓨터는 1980년대나 되어서야 등장했는데 1960년대에 있던 컴퓨터가 어떻게 궤도나 속도를 정확하게 계산하면서 우주선을 달까지 가게 했는지 당시의 과학기술을 믿지 못해 의심이 들 수 있습니다. 하지만 여러분은 제2차 세계대전에 잠수함과 핵폭탄이 사용되었다는 사실을 알 겁니다. 여러분이 생각하는 것처럼 1960년대가 마차 타고 말 타고 다닐 정도의 아주 먼 과거가 아니라는 겁니다. 과학기술이 꽤 발달했던 시대였지요. 그래서 당시 궤도는 지상에 있던 컴퓨터로 미리 계산했고 아폴로 11호에 탑재된 컴퓨터는 데이터만 받아서 궤도를 수정하는 단순 처리만 했기 때문에 달에 다녀오는 데는 아무 문제가 없었습니다.

9. 달 착륙 영상을 스탠리 큐브릭 감독이 촬영했다

〈2001 스페이스 오디세이(2001: A Space Odyssey)〉, 〈더 샤이닝(The Shining)〉을 촬영한 SF영화의 거장인 스탠리 큐브릭 감독이 아폴로 11호가 달에 착륙하는 영상을 스튜디오에서 촬영했다는 인터뷰 영상이 나오면서 세계가 다시 발칵 뒤집혔습니다. 인터뷰를 진행했던 패트릭 머레이가 사실을 폭로하며 영상을 공개한 것입니다. 머레이는 1999년 5월 인터뷰를 진행했다고 밝혔습니다. 하지만 큐브릭은 1999년 3월에 이미 사망했으며, 영상 속 목소리도 큐브릭의 생전 목소리와는 달랐습니다. 결국 큐브릭의 딸이 영상을 촬영한 적이 없다고 공식적으로 밝히면서 이 음모론은 거짓으로 판명났습니다.

이렇듯 음모론자들이 내세우는 의혹들은 과학적·역사적 지식이 부족한 데서 비롯한 것입니다. 그렇다면 실제로 아폴로 11호가 달에 갔다 왔다는 확실한 증거로는 어떤 것들이 있을까요?

아폴로 11호의 달 착륙 증거

사실 가장 강력한 증거는 냉전 시대였던 당시, 미국과 가장 적대적이었고 우주 개발에서도 경쟁 관계였던 소련이 가만히 있었다는 겁니다. 만일 미국이 달에 우주인을 보내지 못했다면 소련이 가장 먼저 의혹을 제기하면서 반발했을 테지요. 단순히 미국이 소련을 누르고 자존심을 회복하기 위해 전 세계를 대상으로 쇼를 벌였다고 말하기엔 아폴로 1호 승무원 세 명의 희생과 수많은 과학자와 기술자, 공학자 들이 들인 노력을 한순간에 하찮게 만드는 것입니다.

❹ 또한 달에는 아폴로 11호 이후로도 12호, 14~17호 총 다섯 번의 우주선과 아홉 명의 우주 비행사가 달에 착륙해 탐사 활동을 했습니다. 그렇다면 이런 이후의 업적까지 모두 거짓이라고 봐야 하겠죠. 이들이 달 탐사를 통해 가져온 달 암석과 지진계를 비롯해 여러 관측 장비를 달에 설치해 약 7년 동안 달을 관측한 것까지도요. 현재 우리가 알고 있는 달의 생성 과정, 생물 존재의 유무, 물의 유무, 달의 내부 구조 등은 대체로 이때 설치한 장비와 이후 무인 탐사선을 이용해 알아낸 것입니다.

❺ 또 아폴로 11호, 14호, 15호는 달에 레이저 반사경을 설치하고 왔는데 지금도 그 반사경에 레이저를 쏴서 돌아오는 데 걸리는 시간을 측정해 달까지의 거리를 구하고 있으며 그 결과 달이 우리에게서 매년 멀어지고 있다는 것을 알아냈습니다.

이뿐만이 아니라 미국 이외의 나라들도 달에 탐사선을 보내고 있고 이때 아폴로 착륙선들이 남긴 흔적이 관측되고 있는 것만으로도 이 논란은 더 논할 여지가 없어 보입니다. 아직도 믿지 못하는 사람들을 위해 미국항공우주국에서는 현재 아폴로 11호 발사와 관련한 기술 문서를 거의 다 공개했습니다. 이것 또한 조작이라고 한다면 조작을 위해 너무 많은 공을 들인 게 아닌가 싶습니다.

아직도 달에 가지 못했다는 음모론을 믿는 건 아니겠죠? 그런 친구들은 아폴로 11호 사령선 조종사인 콜린스가 쓴 《플라이 투 더 문(Fly to the Moon)》 또는 아폴로 11호의 달 착륙 50주년을 기념해서 제작된 《미션 투 더 문(Missons to the Moon)》을 읽어 보길 권합니다. 아니면 다큐멘터리 〈아폴로 11호(Apollo 11)〉나 영화 〈퍼스트맨(First man)〉, 〈히든 피겨스(Hidden Figures)〉도 추천합니다. 얼마나 많은 사람이 이 우주탐사 계획을 위해 노력했는지를 알 수 있을 겁니다. 그 노력의 위대함을 안다면 함부로 무책임하게 음모론을 말할 수는 없을 겁니다.

다시 달 탐사를 시작하는 강대국

중국을 필두로 다시 달 탐사에 우주 강국들이 집중하고 있습니다. 과거 냉전 시대에는 미국과 소련의 국력을 과시하려는 목적으로 달 탐사를 진행했다면, 현재는 다른 행성 탐사를 위한 중간 기지 역할에 주목하고 있습니다. 달에도 물이 있다는 것을 발견한 터라 더 먼 우주를 탐사하기 위해서 달에 기지를 건설해야 한다는 주장이 설득력을 얻고 있었습니다. 멀리 가려면 시간도 오래 걸리고 연료와 짐도 많이 실어야 하니 지구보다 중력이 작은 달에서 우주선을 발사하면 연료도 적게 들고 쏘아 올리기도 훨씬 쉬울 겁니다. 또한 헬륨3와 우라늄, 백금 같은 자원이 매장되어 있고, 태양광발전을 하기에도 적합하다고 보고 있습니다.

자, 그렇다면 우리나라는 언제쯤 달에 탐사선을 보낼 수 있을까요? 우리나라는 달 착륙선을 2030년에 발사할 예정입니다. 자꾸만 늦춰지고 있는 것 같아 안타깝습니다. 우주 강국으로 가기 위해서는 많은 지원과 전 국민적인 지지를 얻기 위한 노력이 필요합니다.

30초 복습 퀴즈

배운 내용을 찬찬히 떠올리며 아래 빈칸을 채워 보세요.

제2차 세계대전이 끝난 후 소련과 미국은 우주과학 기술로 서로 경쟁했다. 소련은 최초로 ❶(   )인 스푸트니크 1호를 우주에 쏘아 보내며 한발 앞서 나갔고 이에 미국도 뒤지지 않기 위해 우주과학 기술을 발전시켜 1969년에 우주 비행사 세 명을 태운 ❷(   )를 달에 착륙시켰다. 하지만 실제로 달에 가지 못했을 것이라 의심하는 사람들이 나타나기 시작했다. 왜냐면 달에는 ❸(   )가 없는데 성조기가 펄럭였고, 깜깜한 하늘에는 ❹(   )이 보이지 않았기 때문이다. 또한 ❺(   )가 없어서 달에 갔다 하더라도 지구로 돌아오지 못했을 거라고 추측했다.

정답 ❶ 인공위성 ❷ 아폴로 11호 ❸ 공기 ❹ 별 ❺ 대기권

4

지구를 벗어나 우주로 가려면

어떻게 해야 하나요?

30초 예습 퀴즈

우주여행에 대해 얼마나 알고 있는지 OX 문제를 풀어 보세요.

❶ 비행기를 타고 우주로 나가는 것은 불가능하다.　　　　　(O , X)

❷ 만유인력과 중력은 완전히 똑같은 힘이다.　　　　　　　(O , X)

❸ 지구에서 탈출하려는 인간이 무거울수록 탈출속도가 커진다.　(O , X)

❹ 인간이 지구를 탈출하려면 인간을 태운 로켓은 쏘아
　올릴 때부터 반드시 탈출속도 이상으로 가속되어야 한다.　　(O , X)

❺ 우주 비행사가 되기 위해서는 강한 체력과 정신력,
　그리고 적합한 신체 조건을 갖추어야 한다.　　　　　　　(O , X)

아주 오래전부터 인간은 가 보지 못한 미지의 세상에 동경과 호기심을 가지고 있었습니다. 깊은 바닷속에는 정말 괴물이 살고 있는지, 저기 저 높은 하늘 위에는 신들의 세상이 있는지, 그리고 지구 밖의 우주에는 외계인이 살고 있는지 항상 궁금해했죠.

지구에 사는 수많은 생명체 중에서 오직 인간만이 이런 호기심을 가지고 있는데요. 호기심은 상상과 이야기를 만들어 냈고, 인간의 상상력은 과학과 기술을 발달시킨 원동력이 되었습니다. 예를 들면, "새들처럼 인간도 하늘을 날 수 있을까?"라는 호기심은 날개를 달고 하늘을 나는 인간의 모습으로 이어졌고, 20세기 초에 라이트 형제는 비행기를 만들어서 인류 최초로 하늘을 나는 데 성공했답니다.

마찬가지로 "지구 밖엔 무엇이 있을까?"라는 호기심은 비행기를 만든 것에서 그치지 않고, 1950년대에 본격적으로 우주 공간을 탐사하는 '우주탐사 프로젝트'를 시작하는 원동력이 되었습니다. 당시 우주탐사를 위해 미국과 소련을 중심으로 엄청난 자본과 인력이 투입되었는데요. 결국 1961년 소련의 우주 비행사 유리 가가린이 인류 최초로 우주선을 타고 지구 밖으로 나가 우주를 여행하고 무사히 지구로 돌아왔습니다.

그렇다면 지구를 벗어나 우주로 가기 위해서, 우리는 무엇을 알고 있어야 할까요? 이제부터 '지구 탈출'에 필요한 과학 지식을 배워 봅시다.

우주에 도달하는 방법

지구는 반지름이 약 6,400킬로미터 되는 공 모양의 아주 커다란 구입니다. 지구의 표면 바로 위에는 얇은 대기층이 있고, 대기층을 뚫고 나가면 지구 밖 우주 공간에 도달하게 됩니다.

국제항공연맹(FAI)에서는 고도 100킬로미터를 대기권과 우주의 경계로 보고 있는데요. 이는 미국의 물리학자 폰 카르만의 주장을 받아들인 것이었죠. 그래서 고도 100킬로미터의 경계를 카르만 라인이라고 부른답니다. 그런데 다른 한편에서 미국항공우주국은 우주의 경계를 고도 80킬로미터로 보고 있습니다. 인공위성이 지구 주위를 돌면서 궤도운동을 유지할 수 있는 최소한의 고도가 80킬로미터라는 점을 근거로 한 것입니다. 그러니까 이 둘 모두를 고려하면, 우주에 도달하기 위해서는 지구 표면으로부터 고도 80~100킬로미터까지 올라가야 합니다.

지구 표면에서 출발해 안전하게 대기권과 우주의 경계를 넘어서려면 어떻게 해야 할까요? 하늘을 향해 올라갈 몇 가지 방법을 살펴봅시다. 먼저, 풍선을 타고 올라가는 방법을 생각할 수 있습니다. 놀이공원에 가면 하늘에 둥둥 떠 있는 풍선을 파는데, 이 풍선 속에는 주변 공기보다 가벼운 헬륨이 채워져 있습니다. 이런 헬륨 풍선을 아주 많이 묶거나 많은 양의 헬륨을 넣은 거대한 풍선이 있다면 인간도 하늘로 떠오를 수 있답니다.

애니메이션 영화 〈업(Up)〉에서는 주인공이 수많은 풍선으로 집을 하늘로 띄워서 모험을 떠나는 장면이 나오는데요. 허팝이라는 유튜버도 헬륨 풍선에 매달려 공중에 뜨는 데 성공한 적이 있었죠. 실제로 이런 헬륨 풍선은 상층대기의 기온이나 습도 같은 기상 상태를 확인하기 위해서 관측 장비를 매달아 공중으로 올려 보내는 데도 활용하고 있습니다.

하지만 풍선을 타고 우주로 나가는 것은 현실적으로 불가능하다고 할 수 있습니다. 헬륨이 든 풍선이 모양을 유지하는 이유는 풍선 안의 헬륨 기체가 풍선을 밖으로 밀어내는 힘과 풍선 밖의 공기가 풍선에 가하는 압력이 같기 때문인데요. 높이 올라갈수록 공기는 희박해져서 풍선 안의 내부 압력이 외부의 공기 압력보다 커지면서 점점 풍선 크기가 커지게 됩니다. 그러면 풍선은 커지는 데 한계가 있으므로 결국은 터져 버리게 되겠지요. 일반적으로 기상관측에 활용되는 헬륨 풍선도 고도 30킬로미터 정도까지 올라가면 터집니다. 우주의 경계는 그보다 높은 80~100킬로미터에 있으니까 풍선으로 우주에 가는 건 어렵겠네요.

❶ 다음으로 비행기를 타고 우주로 나가는 방법도 생각해 볼 수 있습니다. 전 세계적으로 사랑받는 SF영화 〈스타워즈(StarWars)〉 시리즈에서는 우주 전투기들이 자유자재로 날아다니면서 공중에서 전투를 벌이는데요. 하지만 이것은 아직 인간의 기술로는 실현이 불가능한 영화 속 장면에 불과하답니다. 사실 비행기가 하늘을 날 수 있는 이유는 날개를 위쪽으로 밀어 올리는 공기의 힘 때문인데, 고도가 높아질수록 지구 대기의

양은 줄어들기 때문에 비행기를 띄울 수 있는 충분한 힘을 받을 수 없습니다. 또 비행기를 앞으로 나아갈 수 있게 해 주는 엔진에도 연료를 태울 수 있는 대기 중의 산소가 필요합니다. 산소 역시 고도가 높아지면 점점 그 양이 줄어들기 때문에 따로 산소를 싣고 가지 않는 이상 추진력을 얻을 수가 없지요.

그래서 우주로 나갈 때는 로켓을 이용합니다. 힘차게 하늘을 향해 날아가는 로켓은 보통 수직으로 발사합니다. 공기의 힘을 이용해 위로 떠오르는 것이 아니므로 로켓에는 날개가 없고, 산소가 희박한 높은 고도에서도 자체적으로 연료를 태울 수 있도록 액체산소를 연료와 함께 싣는답니다.

우주로 날아가는 로켓은 지구 표면으로부터 하늘을 향해 엄청나게 큰 힘을 내며 그야말로 솟구쳐 올라갑니다. 영화 〈마션(The Martion)〉의 마지막 부분에서 주인공이 화성을 탈출할 때, 지구 중력의 열두 배나 되는 큰 힘을 받으면서 '우주탐사 역사상 가장 빠르게' 날아오르는 장면이 나옵니다. 이 장면에서 너무 큰 힘을 받은 주인공은 잠시 기절하죠. 그렇다면 우주로 날아가는 로켓에는 왜 이렇게 큰 힘이 필요할까요? 그건 바로 이제부터 알아볼 '지구가 끌어당기는 힘'인 **중력**이 작용하기 때문입니다.

우리 한번 이런 상상을 해 봅시다. 모두들 손에 야구공을 하나씩 들고 운동장 한가운데로 갑니다. 우리에게는 미션이 주어지는데, 우리 손에 들고 있는 이 야구공을 최대한 강한 힘으로 하늘을 향해 던져야 하죠. 마치 야구공을 우주로 날려 버릴 것처럼요. 자 던져 봅시다! 야구공은 어떻게 되었나요? 우주로 날려 보내는 데 성공했나요?

아마도 우리가 던진 야구공은 하늘을 향해 날아가다가 점점 속도가 줄면서 결국에는 공중에 잠시 멈추고, 다시 땅으로 떨어질 겁니다. 아무리 힘이 센 사람이라도 야구공을 우주까지 던질 수 있는 사람은 없을 겁니다. 이렇게 지구 위에 있는 모든 물체는 땅을 향해 떨어집니다. 왜 모든 물체는 떨어지는 것일까요?

영국의 위대한 물리학자 아이작 뉴턴 또한 이런 호기심을 가졌습니다. 자신의 고향인 울즈소프의 사과나무 아래에서 사과가 땅으로 떨어지는 것을 보고 말이죠. 그런데 뉴턴은 이것을 조금 다르게 생각했습니다. 그는 사과가 지구로 '떨어진' 것이 아니라 사과와 지구가 서로를 끌어당기고 있다고 보았습니다. 하지만 지구는 반지름이 약 6,400킬로미터나 되는데, 반면 사과는 지구에 비하면 무시할 수 있을 만큼 작기 때문에 지구 위에서 사과를 바라보는 우리 입장에서는 사과가 지구 위로 떨어진 것처럼 보이는 것이죠. 그리고 뉴턴은 여기에 '모든 물체 사이에 작용하는 서로 끌어당기는 힘(인력)'을 뜻하는 **만유인력(萬有引力)**이라는 이름을 붙였지요.

이러한 만유인력이라는 힘은 물체가 가진 질량에 비례합니다. 쉽게 말해서 물체가 무거울수록 만유인력의 크기는 커진다는 뜻입니다. 다시 지구와 사과가 서로 끌어당기는 상황으로 돌아와서 생각해 봅시다. 지구의 질량은 대략 6,000,000,000,000,000,000,000,000kg이나 됩니다. 6뒤에 0이 24개나 붙어 있죠. 그에 비해 지구를 끌어당기는 사과의 질량은 굳이 언급하지 않아도 될 하찮은 값이라고 할 수 있습니다. 그래서 지구가 사과를 끌어당기는 힘은 사과가 끌어당기는 힘보다 아주아주 크답니다.

한편 태양의 질량은 지구의 질량에 비해 훨씬 큽니다. 지구보다 약 33만 배나 더 무겁죠. 그러면 만유인력은 지구보다 태양에서 훨씬 크니까, 우리는 지구를 떠나 태양을 향해 끌려가야 하는 것이 아닐까요? 하지만 그렇지 않은 이유는 만유인력이 거리에는 반비례하기 때문입니다. 즉, 거리가 멀어지면 힘의 크기가 줄어드는 것이죠. 태양으로부터 지구까지의 거리는 약 1억 5천만 킬로미터나 떨어져 있기 때문에 지구에 붙어 있는 인간, 사과, 야구공은 모두 지구가 가진 만유인력을 더 강하게 받고 있습니다.

그럼 좀 더 구체적으로 생각해 봅시다. 아마도 여기에서 이런 질문을 던지는 친구가 있을 거예요. "그럼 왜 질량이 큰 우주의 행성이나 별은 서로 끌어당겨서 충돌하지 않는 거죠? 거리가 멀어도 질량이 엄청 크니까 결국엔 충돌해야 하지 않나요?"라고요. 이것에 대해서 지구와 달을 예로 들어 보겠습니다. 뉴턴도 여러분과 마찬가지로 "왜 달은 지구를 향해서 떨어지지 않지?"라는 질문을 던졌답니다. 지구 주변을 공전하고 있는 달의 질량은 지구보다 대략 81배나 작습니다. 거리는 서로 40만 킬로미터 정도 떨어져 있죠. 그런데도 지구와 달이 서로 충돌하지 않는 이유는 달이 지구 주변을 공전하면서 생기는 **원심력**이라는 힘 덕분입니다. 이 힘은 우리가 차를 타고 갈 때 경험해 볼 수 있는데, 급한 커브를 돌 때 우리 몸이 커브의 바깥쪽으로 쏠리는 이유가 바로 원심력이 작용하기 때문입니다. 길이가 1미터 정도 되는 끈의 한쪽 끝에 추를 매달고, 다른 한쪽 끝을 손으로 잡아서 빙글빙글 돌린다고 가정해 봅시다. 그러면 줄 끝에 매달린 추는 줄을 팽팽하게 유지하면서 원을 그리며 회전할 거예요. 이때 추가 줄을 팽팽하게 유지할 수 있는 이유는 줄에 묶인 반대 방향으로 원심력이 작용하면서, 줄이 추를 손 쪽으로 당기는 힘과 원심력이 서로 균형을 이루기 때문입니다.

지구와 달이 서로 충돌하지 않는 이유로 다시 돌아와 봅시다. 지구와 달 사이에는 서로 끌어당기는 힘인 만유인력이 작용합니다. 그런데 우리가 줄 끝의 추를 돌릴 때 끈이 팽팽하게 당겨지는 것과 같이, 달이 지구 주위를 공전하면서 지구의 반대 방향으로 원심력이 작용합니다. 이때 지구와 달 사이의 만유인력은 원심력과 균형을 이루게 되는 것이죠. 그러면 달은 지구로 떨어지지도, 그렇다고 지구에서 멀어지지도 않게 되는 것입니다.

　　❷ 그렇다면 중력이란 무엇일까요? 중력은 만유인력과 같아 보이면서도 약간은 다른 힘입니다. 앞에서 우리가 하늘 높이 던져 올린 야구공 이야기로 돌아가 봅시다. 지구의 반대 방향인 하늘을 향해 던져진 야구공은 다시 땅으로 떨어집니다. 이 장면을 좀 더 멀리서, 그러니까 지구 밖에서 보고 있다고 상상해 볼까요? 그러면 땅으로 떨어지는 야구공은 둥근 구 모양의 지구 표면에 떨어질 때 그 방향이 지구의 중심을 향합니다. 그러니까 만유인력이라는 힘은 지구, 즉 질량을 가진 물체의 중심 방향으로 작용합니다.

　　하지만 엄밀히 따지면 야구공이 떨어지는 방향은 지구 중심에서 아주 약간 벗어납니다. 그 이유는 지구가 북극과 남극을 가로지르는 자전축을 중심으로 자전을 하고 있기 때문이죠.

손으로 돌리고 있는 줄 끝의 추, 지구 주위를 돌고 있는 달과 마찬가지로 자전하고 있는 지구 위의 각 지점은 자전축의 반대 방향으로 작용하는 원심력의 영향을 받습니다. 이때 만유인력에서 원심력의 영향을 고려한 힘이 중력이 되는 것이랍니다. 그런데 지구 자전에 의한 원심력의 크기는 만유인력에 비하면 매우 작기 때문에 여러분이 무시한다고 해도 어느 누구도 뭐라고 하지 않을 거예요. 그러면 만유인력과 중력이 '거의 같다'라고 표현해도 되겠죠?

그래서 중력도 마찬가지로 물체의 질량에 비례하는 힘입니다. 인류는 1969년에 최초로 달에 인간을 보냈습니다. 그때 달에서 돌아다니는 사람들의 모습을 촬영한 장면을 찾아보면, 부자연스럽게 껑충껑충 뛰는 모습을 볼 수 있습니다. 그건 바로 달의 질량이 지구보다 훨씬 작아서 질량에 비례하는 중력도 작기 때문이지요. 달의 표면 중력은 지구보다 대략 여섯 배 작아서, 달에 착륙한 우주인들이 지구와 다른 환경에서 껑충껑충 뛰며 이동한 것이랍니다.

이러한 중력이 작용하기 때문에 로켓을 타고 지구를 탈출하는 일은 쉽지 않습니다. 웬만큼 강한 힘으로 벗어나지 않으면 다시 지구에 붙잡혀 곤두박질치게 될 것이기 때문이죠. 그래서 지구를 탈출하기 위해 우리에게 필요한 것은 강한 힘입니다.

로켓은 그런 강한 힘으로 지구를 탈출하기 위한 속도를 만들어 냅니다.

천체를 벗어나는 빠르기, 탈출속도

뉴턴이 발견한 힘의 법칙 중에 **작용 반작용의 법칙**이 있습니다. 우리가 벽을 마주 보고 서서 손으로 벽을 힘껏 밀면, 우리가 벽의 반대 방향으로 밀려나는 것처럼, 모든 작용에는 그것에 대해 크기는 같고 방향은 반대인 반작용이 존재한다는 유명한 법칙이죠.

로켓이 발사되어 하늘로 솟구쳐 올라갈 때도 작용 반작용의 법칙이 적용됩니다. 로켓 내부에서 막대한 양의 연료가 폭발하면서 그 힘을 뒤쪽 방향으로 쏟아 내게 되면(작용), 반대인 앞쪽 방향으로 로켓이 추진력을 얻게 되는 것이죠(반작용). 지구를 탈출하려는 로켓은 지구 쪽으로 끌어당기는 중력을 이겨낼 만큼 큰 힘이 필요하고 아주 큰 힘이 한번에 작용하면 로켓은 매우 빠르게 날아오를 것입니다.

그렇다면 지구를 탈출하기 위해서는 얼마나 빨라야 할까요? 앞에서 이야기했던 야구공을 던지는 장면을 떠올려 본다면, 얼마나 빠르게 던지면 야구공이 우주로 날아가 버릴 수 있을까요?

던져진 야구공은 속도를 가지게 될 텐데요. 하늘을 향해 날아가는 도중에는 그 속도를 더 빠르게 해 줄 다른 힘은 작용하지 않습니다. 오히려 공이 날아가는 방향의 반대로 중력의 영향을 받을 뿐이죠. 그러면 야구공은 점점 속도가 느려지다가 어느 순간 공중에서 멈추겠죠? 그러면 그 순간속도가 0이 됩니다. 그런데 이렇게 멈춘 지점이 지구의 중력이 미치는 범위 안에 있다면 다시 원래 출발했던 지구 표면으로 돌아오게 될 것입니다.

사실 중력이라는 힘은 거리가 멀어지면 힘의 크기도 점점 줄어들게 되지만, 이론적으로 아예 0이 되지는 않습니다. 중력이 0이 되기 위해서는 거리가 무한대만큼 멀어져야 가능하죠. 그러니까 중력이 영향을 미치는 범위는 끈질기게도 넓은 셈입니다.

자, 그렇다면 결국은 야구공이 손을 떠나서 지구를 성공적으로 탈출하기 위해서는 중력의 영향이 더 이상 미치지 않는 무한대의 거리에 가서 멈추면 되는 것이겠죠? 단, 여기에서 야구공은 손을 떠나 날아가는 동안에 중력의 영향만 받는다고 간주합니다.

이렇게 지구를 탈출하는 야구공처럼 어떤 천체에서 물체가 천체의 중력을 이겨 내고 한없이 먼 곳을 향해 날아갈 수 있도록 하는 최소한의 초기 속도를 **탈출속도**라고 부릅니다. 즉 어떤 물체가 어느 천체에서 그 천체의 탈출속도 이상으로 출발한다면, 물체는 천체의 중력에서 벗어나 '탈출'할 수 있는 것입니다. ❸ 그런데 이러한 탈출속도는 벗어나고자 하는 천체의 질량이 클수록 크고, 천체로부터 떨어진 거리가 가까울수록 크답니다. 하지만 여기에서 천체를 탈출하려는 물체의 질량은 전혀 영향을 미치지 않습니다. 그래서 지구를 탈출하려는 것이 야구공이든 인간이든 아니면 우주선이든 지구에서의 탈출속도는 같습니다.

여기까지 잘 따라왔나요? 그럼 조금 더 알아봅시다. 과연 지구의 탈출속도는 얼마일까요? 이론적으로 계산한 지구의 탈출속도는 대략 $11.2km/s$입니다. 흔히 '마하'라고 부르는 소리의 속도는 대략 1초에 0.34킬로미터를 갈 수 있는데요. 지구의 탈출속도는 소리의 속도보다 약 33배 빠른 셈입니다.

탈출속도는 천체의 질량이 클수록, 그리고 거리가 가까울수록 크다고 했죠? 태양계 행성 중에서 가장 질량이 큰 목성은 표면에서의 탈출속도가 지구보다 훨씬 크답니다. 대략 $59.5km/s$는 되어야 하죠. 반면에 지구보다 질량이 81배나 작은 달은 탈출속도도 작아서 표면에서 출발할 때 대략 $2.4km/s$면 충분하죠.

1969년에 미국의 아폴로 11호의 우주인들이 달 탐사를 하고 돌아왔는데요. 만약 이때 탐사했던 천체가 달이 아닌 질량이 더 큰 것이었다면, 아마 돌아오기 힘들었을지도 모르겠습니다.

이제 우리는 지구를 탈출할 수 있는 해답을 얻었습니다. 바로 스피드입니다. 탈출속도 이상으로, 순간적으로 빠르게 땅을 박차고 하늘을 향해 가면 되죠. 그런데 뭔가 이상합니다. 인간이 로켓을 타고 마치 야구공이 던져지는 것처럼 탈출속도 이상의 빠르기로 출발한다면, 음속의 33배나 되는 속도에 순간적으로 도달하는 힘을 받게 될 텐데요. 아마 인간의 몸은 그 힘을 견디지 못할 겁니다. 그럼 온전한 상태로 우주에 도달할 수 없겠죠.

사실 탈출속도의 개념은 아주 극단적인 예시입니다. 탈출속도란 중력에서 벗어나 무한대의 거리만큼 멀어져서 멈추게 되는 최소한의 초기 속도니까요. 우리는 앞에서 지구의 대기권과 우주의 경계를 80~100킬로미터로 보았고, 우주에 도달하면 지구 탈출에 성공했다고 생각하기로 했으니까 그렇게 멀리까지 갈 필요가 없는 것입니다. 그리고 탈출속도는 야구공을 던지는 것처럼 순간적인 힘으로 해당 속도에 도달한 후 추가적인 추진력을 받지 못할 경우 필요한 속도입니다.

❹ 따라서 탈출속도는 지구에서 멀어질수록 점점 줄어드니까 로켓의 연료가 다 떨어질 즈음까지 추진력을 내다가, 더 이

상 추진력을 낼 수 없는 거리에서 탈출속도에 도달하면 되는 것입니다. 즉 지구 표면에서부터 탈출속도를 낼 필요는 없는 거죠. 혹은 탈출속도까지 속도를 높이지 않아도, 우주의 경계가 되는 고도 80~100킬로미터까지 올라가 지구 주위를 공전하는 궤도운동을 할 수 있는 속도까지만 도달해도 충분할 겁니다. 끈에 매달린 추를 돌릴 때처럼, 우주선의 속도가 지구의 중력과 지구 주위를 원운동 하면서 받는 원심력 사이에 균형을 이룰 수 있으면 되니까요.

여기에서 조금만 더 깊이 들어가서 생각해 봅시다. 여러분이 눈치를 챘을지 모르겠지만, 지구를 탈출하는 야구공의 경우에는 그것을 던지는 손을 떠나고 나면 더 이상 추진력을 못 받고, 로켓의 경우에는 연료가 다 떨어지면 추진력을 낼 수 없으니 탈출속도 개념을 가져와서 설명한 것입니다. 연료가 떨어질 것을 걱정할 필요가 없는 아이언맨 슈트 같은 것만 있으면, 느린 속도라도 충분히 지구를 탈출할 수 있답니다. 토니 스타크 가슴에 있는 아크 원자로가 끊임없이 슈트에 에너지를 공급해 주니까요!

이제 우리는 지구를 탈출해서 우주에 도착했습니다. 우주선이 출발하면서 내는 강한 추진력도 견뎌 냈습니다. 실제 우주 왕복선의 경우 우주로 나갈 때, 탑승한 우주인은 지구에서 느끼는 중력가속도의 최대 3배까지 느낄 수 있죠. 이 말의 뜻은 본인 몸무게의 3배에 달하는 압력을 받게 된다는 것인데요. 하지만 이걸 견디고 우주로 나가면, 이제 지구에서는 단 한 번도 느껴 본 적도 없고, 느껴 볼 수도 없는 극한의 환경이 기다리고 있습니다!

우주 비행사가 되는 방법

우주는 말로 표현하기 힘들 만큼 위험한 곳입니다. 생명체가 맨몸으로는 살아갈 수 없는 곳이죠. 우선 우주의 평균온도는 영하 270도에 달하고, 대기가 없어 지구상의 어느 실험실에서도 구현해 낼 수 없을 정도로 극한의 진공상태입니다. 또 지구에서는 지구의 자기장이 우주 방사능을 막아 주지만, 우주에서는 그러지 못하기 때문에 우주 방사능에 위험 수준으로 노출될 수도 있습니다.

이 뿐만 아니라 우주로 나간 우주인은 중력이 없는 무중력 상태에서 생활합니다. 자이로드롭을 타고 공중에서 바닥으로 슝 떨어질 때, 순간적으로 몸이 떠오르는 듯한 무중력상태를 경험할 수 있는데요. 우주인은 그 경험을 계속하고 있는 셈이죠.

인간의 몸은 지구의 중력에 맞춰 적응해 왔기 때문에 중력이 없는 우주에서는 뼈의 연골이 상하거나 뼈 자체를 이루는 세포가 분해되는 등 신체적 변화가 생길 수 있습니다.

우주는 이렇게 위험한 극한의 환경이지만 신비한 곳이죠. 우주 비행사가 되고 싶어 하는 친구들을 위해 아주 간단하게 우주 비행사가 될 수 있는 조건을 소개해 보겠습니다.

우주 비행사가 되는 과정은 매우 험난합니다. 우주선이 이륙할 때의 강한 가속도가 내는 힘을 견디기 위해서 지구 중력 가속도의 9배 정도를 견디는 훈련을 받습니다.

그 전에 우주 비행사 훈련 과정에 참여하기 위한 신체 조건도 맞아야 합니다. 대표적으로 안경을 썼거나 수술을 받은 기록이 있거나 알레르기성 질환이 있다면 우주 비행사 후보에 드는 것마저도 어려울 수 있답니다. 또 우주선 내부 공간은 생각 이상으로 좁아서 몸집이 너무 커도 안 되고 그렇다고 너무 작아도 안 됩니다. 정말 까다롭죠?

❺ 우주 비행사가 되려면 적합한 신체 조건, 고된 훈련을 모두 통과할 수 있는 강한 체력은 물론이고 강인한 정신력도 필요합니다. 앞서 이야기한 것처럼 우주는 매우 위험한 극한의 환경이기 때문에 그 환경을 견딜 수 있어야 합니다. 또 좁은 공간에서 짧으면 며칠에서 길면 몇 달, 아니면 몇 년 동안이나 동료들

과 생활해야 하는 불편함도 감수해야 하죠. 그리고 만약의 경우 예측하지 못한 사고가 발생했을 때도 침착함을 잃지 않아야 합니다.

실제로 달에 착륙하기 위해 1970년 발사된 아폴로 13호의 경우에는 달을 향해 우주 공간을 날아가던 중 우주선의 산소 탱크 하나가 폭발하는 사고가 발생했습니다. 이 사고로 달에 착륙하지는 못했지만, 아폴로 13호에 타고 있던 우주인 세 명이 침착하게 잘 대처한 덕분에 무사히 지구로 돌아올 수 있었죠. 이 이야기는 영화로도 만들어졌답니다.

여러분은 어떤가요? 지구를 탈출해 우주로 나갈 만큼 강한 체력과 정신력을 가지고 있나요? 여기에서 배운 것들을 다시 떠올리면서, '내가 만약 우주로 나간다면 어떨까?' 상상해 보면 좋겠네요.

30초 복습 퀴즈

배운 내용을 찬찬히 떠올리며 아래 빈칸을 채워 보세요.

어떤 천체에서 물체가 탈출하기 위해서 물체는 천체가 끌어당기는 힘인
❶(   )에서 벗어날 수 있어야 한다. 그리고 중력을 벗어나 무한대의
거리까지 도달할 수 있는 속도 이상으로 운동해야 한다. 이때 천체로부터
탈출할 수 있는 최소한의 속도를 ❷(   )라고 한다.
이 속도는 천체의 질량이 ❸(   )수록 크고, 물체가 천체로부터 가까울
수록 ❹(   ). 하지만 탈출하고자 하는 물체의 ❺(   )은 이 속도
에 영향을 미치지 않는다.

정답 ❶ 중력 ❷ 탈출속도 ❸ 클 ❹ 크다 ❺ 질량

5

생명체는 지구에만 있을까요?

30초 예습 퀴즈

생명체가 살 수 있는 행성의 조건에 대해 얼마나 알고 있는지 OX 문제를 풀어 보
세요.

❶ 생명체가 살기 위해서는 보통 액체 상태의 물이 있어야 한다. (O , X)

❷ 지구는 '창백한 붉은 점'이라고도 부른다. (O , X)

❸ 지구의 외핵은 자기장을 만든다. (O , X)

❹ 달이 지구의 자전 속도를 빠르게 한다. (O , X)

❺ '케플러-22b'는 골디락스존에서 발견된 최초의 외계 행성이다. (O , X)

여러분은 어렸을 적 《골디락스와 곰 세 마리》라는 동화를 읽은 적이 있나요? 동화의 줄거리를 간단히 소개하면 다음과 같습니다.

깊은 산 속 곰 세 마리가 오두막에 살고 있었습니다. 아침 식사로 만든 수프가 너무 뜨거워서 수프가 식을 동안 곰들은 산책을 갑니다. 잠시 후 숲속을 지나던 금빛 머리카락을 가진 소녀 골디락스가 이 오두막에 들어가게 됩니다. 골디락스는 수프 3개를 차례로 맛보면서, '뜨거워, 적당해, 차가워'를 외칩니다. 적당한 온도의 수프를 다 먹고 배가 부른 골디락스는 '너무 딱딱하고, 적당하고, 너무 푹신한 침대' 중 적당한 침대에 누워 잠을 자기까지 합니다. 그 후 산책을 마치고 돌아온 곰을 발견한 골디락스는 도망을 치게 됩니다.

여러분은 이 동화를 보면서 무엇을 느끼셨나요? 저는 어릴 적 이 동화를 읽으면서 '뜨겁다. 적당하다. 차갑다', '딱딱하다. 적당하다. 푹신하다'와 같은 표현을 익혔습니다. 하지만 어른이 되고선 골디락스는 범죄자라는 생각밖에 들지 않았습니다. 남의 집에 무단으로 들어가고, 음식을 마음대로 먹고, 남의 침대에서 잠까지 잤으니까 말이죠.

그런데 이 동화를 들은 천문학자는 이런 생각을 했습니다. '뜨겁지도 차갑지도 않아 먹기 적당한 온도의 수프에서 착안해, 항성으로부터 너무 가까워 뜨겁지도, 너무 멀어서 차갑지도 않은 온도가 적당한 구역을 **골디락스 존**이라 부르자'라고 말이죠. 그럼 골디락스 존에 대해 좀 더 알아볼까요?

골디락스 존과 생명체가 살 수 있는 조건

골디락스 존의 개념은 정확하게는 **생명체 거주 가능 영역** (Circumstellar habitable zone, CHZ)이라는 개념으로 글자 그대로 생명이 생존할 수 있는 구역을 의미합니다. 항성(별)을 중심으로 공전하는 행성들은 항성과 너무 가까울 경우 뜨거워 생명체가 살 수 없고 또 너무 멀면 차가워서 살 수 없습니다. 태양계로 치면 8개 행성 중 수성과 금성은 태양과 너무 가까운 행성에 속하고 목성, 토성, 천왕성, 해왕성은 너무 먼 행성입니다. 그래서 지구와 화성만이 골디락스 존, 즉 생명체 거주 가능 영역에 속하게 됩니다. 우리가 제2의 지구 후보로 화성을 생각하는 이유도 이 때문이죠.

물론 행성의 온도만이 생명이 존재할 수 있는 조건은 아닙니다. 행성의 질량 역시 중요합니다. 너무 작은 경우 중력이 작아 대기를 유지할 수 없고, 너무 큰 경우 중력이 커 대기압이 엄청나게 높아지면 생명체가 살기 어려울 수 있습니다. 과학자들은 보통 골디락스 존에 속하며, 지구의 0.1~10배의 질량을 가진 암석형 행성에 생명체가 살 가능성이 있다고 보고 있습니다.

❶ 골디락스 존이 중요한 이유는 바로 '액체 상태의 물'이 존재할 수 있는 온도이기 때문입니다. 여러분이 잘 알고 있듯이 물은 1기압, 섭씨 0~100도 조건에서 액체 상태로 존재합니다. 액체 상태의 물이 왜 생명체 존재에 필수일까요? 그 이유는 물의 여러 가지 특징 때문입니다.

물의 특징을 이해하기 위해서는 먼저 물 분자의 구조를 이해해야 하는데, 물 분자는 수소 원자와 산소 원자로 구성되어 있습니다. 수소 원자 쪽은 미세하게 (+)전하를 띠고, 산소 원자 쪽은 미세하게 (-)전하를 띕니다. 자석의 N극과 S극이 서로 당기고 N극과 N극, S극과 S극이 서로 밀어내듯이 물 분자를 구성하고 있는 수소 원자 쪽은 다른 물 분자의 산소 원자 쪽과 결합하려는 현상이 나타납니다. 이 결합은 매우 약해 계속 끊어지고 연결되기를 반복하지만, 이 결합 때문에 물은 특이한 성질을 띠게 됩니다.

첫 번째로 물 분자는 서로 가까이 붙으려는 **응집 현상**을 보입니다. 우리가 컵에 물을 가득 따라도 표면이 볼록해질 때까지 쏟아지지 않을 때나(표면장력), 식물이 물을 뿌리에서 잎까지 끌어 올릴 때(모세관현상) 이 응집 현상을 볼 수 있습니다. 이 응집력 덕분에 물과 물속에 녹아 있는 영양분은 중력을 거슬러 이동할 수 있습니다.

두 번째로 물은 비열이 매우 높습니다. **비열**은 물질 1그램의 온도를 1도 높이는 데 필요한 열에너지의 양입니다. 비열을 간단한 예를 들어 설명해 볼까요? 햇빛 쨍쨍한 여름에 해변가 모래사장은 너무 뜨겁고, 물은 상대적으로 덜 뜨겁습니다. 그 이유는 모래의 비열이 물의 비열보다 작아 같은 열에너지를 가했을 때 온도 변화가 크기 때문입니다. 또 다른 예도 있습니다. 양은 냄비와 뚝배기의 경우 양은 냄비가 비열이 작아 온도가 빨리 변하기 때문에 라면을 빨리 끓일 수 있습니다. 물의 비열이 높다는 것은 온도를 높이기 위해서 더 많은 열에너지를 받아야 한다는 뜻이며, 또한 온도가 쉽게 변하지 않는다는 것을 의미합니다. 생명체를 구성하고 있는 물질이 온도가 급격히 변한다면 생명체는 생존이 쉽지 않을 것입니다.

세 번째로 물은 강력한 용매입니다. **용매**란 용액을 만들 때 용질을 녹이는 물질을 말합니다. 예를 들면 설탕 용액은 설탕이라는 용질을 물이라는 용매에 녹여 만듭니다. 액체 상태의 물은 강력한 용매라 유기체의 모든 부위로 영양분을 운반할 수 있다는 점에서 생명체 탄생과 생존에 필수적입니다.

태양계를 넘어 은하에서도 은하 중심부에서 적당히 떨어진 조건이 생명체 탄생에 중요합니다. **은하 생명체 거주 가능 영역**(galactic habitable zone)이라는 개념인데, 은하 중심부는 별의 밀도가 너무 높고, 별의 폭발 등이 많아 생명체가 생존하기 어렵습니다. 반면 은하로부터 너무 먼 곳은 생명체를 만들 무거운 원소가 적어 생명체가 존재할 수 없는 환경입니다. 우리 은하에서 은하 생명체 거주 가능 영역은 은하 중심에서 2~3만 광년 범위일 것으로 보입니다. 참고로 태양계는 우리 은하 중심에서 2.6만 광년 떨어져 있습니다.

창백한 푸른 점, 지구

❷ '창백한 푸른 점(Pale Blue Dot)'은 인간이 만든 물체 중 최초로 태양계를 벗어난 '보이저 1호'가 찍은 지구의 모습을 부르는 명칭입니다. 1977년 9월 5일 발사된 보이저 1호는 1990년 2월 14일 푸른빛의 작은 점으로 보이는 지구 사진을 보내옵니다. 이 창백한 푸른 점이 현재 우리가 알고 있는, 생명체가 사는 유일한 행성입니다.

지구에만 생명체가 존재할 수 있었던 이유는 무엇일까요? 앞서 언급한 것과 같이 항성으로부터 너무 멀거나 가깝지 않아 온도가 적당하고, 이 덕분에 액체 상태의 물이 있었습니다. 지구의 물은 생명 탄생의 바탕이 되었을 것입니다. 또 암석형 행성이기에 생명체가 생명 활동을 하기에 유리했을 것입니다. 그렇다면 이 조건만 만족하면 어떤 행성이든 생명체가 살 수 있을까요?

지구는 위 조건 외에도 생명체가 탄생할 수 있는 여러 조건을 충족합니다. 우선 지구의 특징을 알아보겠습니다. 지구를 이루는 구성 요소의 집합인 **지구계**는 지권, 수권, 기권, 생물권, 외권으로 구성되어 있습니다. 각각의 요소는 상호작용을 하면서 지구라는 집단을 구성하는데요. 각 요소를 생명체 탄생과

연관해 설명해 보려고 합니다.

지권은 쉽게 말해 땅입니다. 지구가 현재보다 작으면 중력이 약해 대기 중의 수증기가 빨리 사라져 액체 상태의 물이 줄어들게 됩니다. 지구 지름이 절반이었다면 지구에는 현재 이미 물이 하나도 남아 있지 않았을 것이라는 연구 결과도 있습니다. 암석형 지각의 지구는 생명체가 정착하고 보금자리를 만들기 유리합니다. 지구의 내부는 현재 내핵, 외핵, 맨틀, 지각으로 구성되어 있는데 지구 탄생 초기에는 녹은 철로 구성된 핵이 움직이면서 자기장을 만들었습니다. ❸ 현재 핵은 고체 상태의 내핵과 액체 상태의 외핵으로 나뉘어져 액체 상태의 외핵이 움직이면서 자기장을 만들고 있습니다. 핵은 약 85퍼센트의 철, 10퍼센트의 니켈 등으로 구성되어 있는데, 액체 상태의 철이 움직이면서 자기장을 만들어 냅니다. 우리가 자석 주변에 철가루를 뿌려 보면 자기장을 확인할 수 있는 것처럼, 지구 주변에도 보이지 않는 자기장이 존재합니다. 이는 나침반을 사용함으로써 확인할 수 있습니다. 이 자기장은 단순히 방향을 가르키는 것이 아닙니다. 우주에서 지구로 날아오는, 생명체에 해로운 것을 막아 주는 방패 역할을 하며, 대기와 물을 지키는 역할도 합니다. 화성은 태양과의 거리가 지구보다 멀지만 화성의 자기장 세기는 지구의 0.4퍼센트 정도로 매우 작아 현재 대기와 물이 거의 남아 있지 않습니다.

수권은 물을 의미합니다. 지구 표면의 약 70퍼센트를 차지하고 있습니다. 앞에서 말했듯이 물이 가진 특징 자체가 생명체의 생명 활동에 중요합니다. 그뿐만 아니라 지구 자체의 온도 변화가 크지 않도록 하며, 바다를 통해 적도지방의 열에너지를 극지방으로 운반하는 역할도 합니다. 또 물은 생명체가 탄생하는 공간이 되기도 합니다. 생명체가 탄생하려면 최소한 유전정보 전달 물질, 화학반응을 촉진하는 촉매, 이중막이 필요합니다. 이중막을 구성하는 지질의 경우 물과 친한 부분과 친하지 않은 부분으로 구성되어 물과 친하지 않은 부분은 안쪽으로, 친한 부분은 밖으로 모이면서 자연스럽게 막 구조를 만들었을 것입니다. 물 분자가 미세하게 (+)와 (-) 전하를 띠는 전기적 특징이 작용한 것입니다.

기권은 공기를 의미합니다. 사실 대기를 구성하는 물질의 비율은 지구 탄생 초기와 현재가 많이 다릅니다. 초기 지구의 대기는 대부분 암모니아와 메테인으로 구성되어 있었고, 약 20억 년 전부터 다양한 성분이 등장했습니다. 1953년 미국의 화학자이자 생물학자 스탠리 밀러는 생명의 기원과 관련한 매우 유명한 실험을 했습니다. 바로 초기 지구의 대기에 존재했을 메테인, 수소, 암모니아, 수증기 등을 가둔 후 번개에 해당하는 전기 불꽃을 발생시킨 실험이었습니다. 그 결과 글리신, 알라닌 등 몇 종류의 아미노산과 유기산 및 포름알데히드, 시안화수소(HCN), 요소 등이 검출되었습니다. 그 후 다른 과학자들이 이 실험을 보완해 진행했고 아미노산과 당, 지질, DNA, RNA 등을 합성하는 데 성공했습니다. 과학자들은 일련의 실험을 통해 생명체의 몸을 구성하는 물질이 초기 지구 환경에서 만들어질 수 있으며, 시간만 충분하다면 생명체가 발생할 것이라는 결론을 내렸습니다.

생물권은 생물을 의미합니다. 생명체가 탄생한 것은 지구의 다양한 조건이 서로 맞았기 때문인데, 생명체의 진화에는 환경 조건 외에 생명체의 능동적 활동이 작용했습니다. 초기 지구의 대기는 산소가 거의 없었는데 남세균의 광합성 작용으로 약 23억 5천만 년 전부터 산소가 대기 중에 급격히 증가하게 됩니다. 산소는 초기 생명체에게는 생존을 위협하는 물질이었습니다. 산소로부터 자신을 보호하기 위해 막으로 유전물질을 감싸는 진화를 거쳐 진핵 생명체가 탄생했을 것입니다. 더 나아가 산소 호흡을 하는 다세포생물도 등장하게 되어 다양한 생명체로의 진화가 가능해진 것입니다. 광합성이 이루어지면서 대기 중의 메탄가스와 이산화탄소 등의 온실가스 농도가 낮아져 지구의 온도가 낮아지는 결과도 초래하게 됩니다.

외권은 지구 외의 우주 공간을 의미합니다. 지구 밖에 있지만 지구와 상호작용을 한다는 점에서 외권은 지구계로 인정받게 됩니다. 외권에서 지구에 가장 영향을 많이 미치는 것은 태양과 달입니다. 태양의 질량은 지구에 중요합니다. 태양의 질량이 지금보다 두 배 컸다면 태양의 수명이 지금보다 많이 짧아져 지구에서 인류가 탄생하기 전에 태양계는 사라졌을 것입니다. 태양은 에너지원으로 지구의 온도를 유지하는 데 꼭 필요합니다. 그리고 광합성을 비롯한 많은 활동의 근원이 됩니다.

그런데 여러분은 달이 지구에 많은 영향을 끼친다는 사실에 의아할 수도 있습니다. 달은 그냥 지구의 위성인데 큰 영향을 주겠느냐고 말이죠. 사실 달은 생명체 탄생에 핵심 역할을 했답니다. 달의 크기와 위치 모두 생명체 탄생에 절대적으로 중요합니다. 달은 지구의 4분의 1 정도로 큰데 이렇게 큰 위성을 가진 행성은 지구가 유일합니다. 달은 지구의 자전축이 흔들림 없이 23.4도로 기울어져 태양 주변을 돌게 함으로써 기후변화가 심하지 않아 생명체가 탄생할 수 있는 조건을 만듭니다. 또 지구의 자전 속도를 늦추어 1일을 24시간으로 만듭니다. ❹ 달이 없었다면 지구의 자전 속도는 1일 8시간 정도인데, 이 속도를 늦추는 것이 달의 **조석작용**입니다. 지구와 달 사이에는 서로 잡아당기는 인력이 작용합니다. 바닷가에 가면 해수면의 높이가 하루 중 두 번 달라지는 밀물과 썰물을 경험할 수 있는데, **밀물**은 달과 지구가 가까워지면서 달의 인력이 커져 해수면이 높아지는 현상이고, **썰물**은 반대로 달과 지구가 멀어지면서 해수면이 낮아지는 현상입니다.

달의 위치가 지금보다 멀었다면 지구보다 큰 태양의 중력으로 달이 이탈할 수 있고, 만약 지금보다 가까웠다면 달은 부서졌을 것입니다. 달이 현재보다 가까울 경우 달의 (지구와 가까운 쪽 면인) 앞쪽이 뒤쪽보다 지구로부터 큰 인력을 받고, 이 힘이 달 자체의 중력보다 커지면 달은 부서지게 됩니다. 달 생성 초기에는 달이 지구와 지금보다 가까워서 1일이 8시간이었습니다. 하지만 점점 멀어짐에 따라 지구의 자전과 달의 공전이 늦어져 현재와 같이 지구의 자전과 달의 공전이 24시간 동안 일어납니다. 달은 사실 지금도 매년 3센티미터씩 지구에서 멀어지고 있습니다. 이에 따라 지구의 1일은 24시간에서 조금씩 늘어나며, 시간뿐 아니라 생명체에게도 많은 영향을 미칠 것입니다.

태양과 달보다는 영향이 적지만 목성과 토성도 중요한 역할을 했습니다. 거대한 가스 행성인 목성과 토성은 중력이 매우 큰데 이런 행성이 1개만 더 있어도 지구가 그 행성의 영향을 받아 태양에서 밀려나 골디락스 존에서 멀어졌거나, 아예 태양계 밖으로 밀려나 생명체 탄생이 불가능했을지 모릅니다.

창백한 푸른 점, 지구에서의 생명체 탄생은 위와 같은 많은 우연의 산물이며, 시간의 산물입니다. 그런데 이 광활한 우주에 지구만이 생명체가 존재하는 행성일까요?

외계 생명체가 사는 행성을 찾아서

2015년 7월 20일(아폴로 11호 달 착륙 기념일) 런던의 한 기자 회견장. 우주 물리학자 스티븐 호킹 박사 옆에 한 투자가가 1억 달러(약 1,100억 원)에 달하는 투자 계획을 발표했습니다. 이 사람은 러시아 투자회사를 운영하는 유리 밀너입니다. 투자 계획 발표에 왜 우주 물리학자가 있었을까요? 그 이유는 바로 이 투자가 우주의 지적 생명체를 찾는 탐색 계획 '브레이크스루 리슨 (Breakthrough Listen)'에 대한 발표였기 때문입니다.

우리 인류는 하늘을 바라보며 항상 이런 의문을 품곤 했습니다. '과연 이 광활한 우주에 생명체는 지구에만 존재할까? 지적 생명체는 인간뿐일까?' 이런 의문에서 시작한 인류의 탐험은 고대 그리스 시대부터 시작해 현재까지 이어지고 있습니다.

기원전 3세기 그리스의 철학자 에피쿠로스에서, 조선 시대 실학자 홍대용에 이르기까지 우주의 광활함과 외계생명체의 존재 가능성에 관해 주장한 사례는 많았지만, 지금까지 그 주장을 입증할 증거는 발견되지 않았습니다.

라디오 무선통신, 형광등, 교류 전기 등 우리 인류의 삶을 바꾼 수많은 발명을 한 니콜라 테슬라(지금은 자동차 회사 이름으로 더 잘 알려져 그가 발명가인 줄 모르는 사람도 있겠지만)는 1896년 우주의 전파를 분석하면 외계 문명의 존재를 찾을 수 있다고 주장했습니다. 실제 1899년에는 세계 최초로 우주 전파를 수신하기도 했습니다. 이런 과학적 발견에도 외계 지적 생명체를 탐사하는 것은 천문학에서 금기였습니다.

1959년 과학 저널 〈네이처(Nature)〉에 코넬대학교의 주세페 코코니와 필립 모리슨은 그동안의 금기를 깨며 외계 문명에 관한 논문을 발표합니다. 외계 지적 생명체가 지구로 신호를 보내온다면 라디오파를 사용할 것이며, 그중 수소에서 발생하는 파장 21센티미터, 진동 주파수 1420MHz(1MHz: 1초에 100만 번 진동)를 사용할 것이라는 내용이었습니다. 위 논문이 기폭제가 되어 1960년 동화《오즈의 마법사(The Wizard of OZ)》에 등장하는 여왕의 이름을 딴 오즈마 프로젝트(Ozma project)가 시작되었습니다. 인류가 최초로 전파 망원경을 이용해 지구 밖에 사는 지적 생명체의 신호를 찾기 시작한 것입니다. 전파 천문학자 프랭크 드레이크가 아레시보 천문대에서 생명이 존재할 가능성이 높아 보이는 '고래자리 타우 별'과 '에리다누스자리 엡실론 별'을 관찰했습니다. 이것이 외계 지적 생명체 탐사 SETI(Search for Extra-terrestrial Intelligence) **프로젝트**의 시작입니다.

1997년 개봉한 영화 〈콘택트(Contact)〉는 SETI 프로젝트의 또 다른 주역인 칼 세이건이 1985년 쓴 원작 소설을 바탕으로 제작되었습니다. 영화는 주인공 앨리 애로위가 정부의 자금 지원 중단 등 여러 역경 속에서도 거문고자리 베가성에서 오는 규칙적 신호를 발견하고, 그 신호를 이용해 인류가 아닌 외계 지적 생명체와 만나는 이야기입니다.

지구에서는 찰나로 기록된 짧은 시간이었지만 그녀는 외계 생명체와 18시간 동안 함께합니다. 녹화 장치에는 잡신호만 녹화되어 외계 생명체를 만났다는 그녀의 주장을 뒷받침하지는 못했지만, 몇 초 되지 않는 시간 동안 녹화 장치에는 18시간이 녹화되었다는 것을 통해 그녀의 경험이 거짓이 아니라는 사실을 보여 줍니다. 영화는 '이 거대한 우주에 우리만 존재한다는 것은 공간의 낭비다'라는 강력한 메시지를 남기는데, 이는 SETI 프로젝트 성공에 대한 칼 세이건의 열망이 담긴 말이 아니었을까 생각합니다.

SETI 프로젝트는 아직 큰 성과를 내지는 못했습니다. 1998년 호주의 파크스 전파 천문대에서 250ms(1밀리초=1,000분의 1초)

동안 약 1.4GHz(1GHz: 1초에 10억 번 진동) 주파수의 전파를 포착한 적이 있는데, 2015년 1월 세 번의 추가 포착을 분석한 결과 이 신호가 천문대의 낡은 전자레인지에서 온 것임을 알게 됩니다. 전자레인지의 가열 시간이 끝나기 전 문을 연 성급한 사람 때문에 발생한 신호였던 것이죠. 이 어이없는 해프닝은 인류가 얼마나 외계 지적 생명체의 신호에 목말라 있는지, 또 그것을 구분하는 것이 얼마나 어려운지 알려 줍니다.

인류는 SETI 프로젝트 외에도 케플러, TESS 등 우주 망원경을 이용해서 많은 발견을 해 왔습니다. 2009년 쏘아 올려 2018년 10월 30일 연료 소진으로 공식 은퇴한 케플러 우주 망원경은 9년 7개월 23일의 임무 수행 동안 항성 53만 506개와 행성 2,662개를 발견했는데, 이는 2009년 발사되기 전 예상했던 수보다 수십 배는 큰 엄청난 성과였습니다. 케플러 우주 망원경이 찾은 외계 행성은 인류가 찾은 외계 행성의 70퍼센트에 달합니다. ❻ 케플러 우주 망원경이 2009년 5월 발견한 케플러-22b라는 행성이 중요한데, 이 케플러-22b는 골디락스 존에서 발견한 최초의 외계 행성입니다. 케플러-22b는 액체 상태의 물이 존재할 수 있는 온도인 평균 15.5도이며, 290일의 공전주기, 지구보다 크기는 2.4배 크고, 무게는 36배나 무겁습니다.

케플러 우주 망원경의 뒤를 이어 2018년 4월 발사된 TESS

우주 망원경은 케플러 우주 망원경보다 20배가량 넓은 우주를 관측하고 있습니다. 첫 관측 이미지를 전송한 지 한 달 만에 외계 행성을 2개 발견했으며, 그 후 계속 많은 항성과 행성을 발견하고 있습니다.

광활한 우주에서 생명체를 찾는 과정은 인류 역사에서 큰 숙제일 것입니다. 60여 년의 연구가 아직 지적 생명체의 존재를 증명하지는 못했지만, 인간은 한 발자국씩 앞으로 나아가고 있고, 언젠가 영화 속 주인공처럼 지구 밖의 지적 생명체의 초대를 받을지도 모르겠습니다. 여러분이 책을 읽는 지금도 우주에서 지적 생명체가 보낸 전파를 찾기 위해 많은 과학자가 노력하고 있습니다.

30초 복습 퀴즈

배운 내용을 찬찬히 떠올리며 아래 빈칸을 채워 보세요.

생명체가 존재 가능한 행성들은 여러 조건이 필요한데 그중 생명 거주 가능 영역을 ❶(   )이라고 부른다. 태양계에는 지구 외에 ❷(   )만이 이 영역에 속해 있다. 이 영역에서는 액체 상태의 ❸(   )이 존재할 수 있다. 이는 생명체가 살아가는 데 꼭 필요한 것이다. 지구는 생명체가 존재하기에 중요한 조건을 많이 갖추고 있다. 지구의 위성인 ❹(   )의 존재도 매우 중요하다. 인류는 지구 외의 생명체, 더 나아가 지적 생명체를 찾기 위해 노력하고 있다. 외계의 지적 생명체를 찾는 탐사를 ❺(   ) 프로젝트라 부른다.

6

화성에서

살 수

있을까요?

30초 예습 퀴즈

화성에 대해 얼마나 알고 있는지 OX 문제를 풀어 보세요.

❶ 화성에는 봄, 여름, 가을, 겨울 사계절이 존재한다.　　　（O, X）

❷ 화성의 평균기온은 영하 53도다.　　　（O, X）

❸ 화성의 바람은 위력이 대단해서 기지가
　폭풍 때문에 넘어질 수 있다.　　　（O, X）

❹ 화성의 대기는 95퍼센트가 질소다.　　　（O, X）

❺ 화성에는 지하에 액체 상태의 물이 존재한다.　　　（O, X）

정답　❶ O ❷ O ❸ X ❹ X ❺ O

우리 인류가 지구를 떠나 다른 천체에서 살 수 있을까요? 2015년에 개봉한 영화 〈마션(The Martian)〉을 보면서, 인류가 만약 다른 천체에서 살게 된다면 화성이 후보지 중 한 곳이라고 생각한 사람이 많았을 것입니다. 영화 〈마션〉은 화성 탐사선 '헤르메스 호'의 탐사 대원 중 한 명인 마크 와트니가 화성 탐사 18일째에 모래 폭풍 속에서 홀로 조난당한 후 화성 탐사 561일째에 구조되는 감동적인 이야기를 담고 있습니다. 이 외에도 화성에서 태어난 소년이 지구로 오면서 벌어진 이야기를 다룬 〈스페이스 비트윈 어스(The Space Between Us)〉, 화성 탐사와 화성의 생명체에 관한 이야기를 다룬 〈미션 투 마스(Mission To Mars)〉, 〈레드 플래닛(Red Planet)〉, 〈토탈 리콜(Total Recall)〉 등 화성을 소재로 만든 영화는 많습니다. 그런데 왜 사람들은 화성을 인류가 살 수 있는 천체라고 생각했을까요?

지구 vs 화성

1. 물리적 특징을 중심으로 비교하기

위 질문에 답하기 위해서는 먼저 지구와 화성을 비교해 화성의 특징을 파악할 필요가 있습니다. 태양계의 8개 행성 중 네 번째 행성인 화성은 어떤 특징이 있을까요?

가장 먼저 크기를 비교해 보면 화성의 평균 반지름은 3,397킬로미터로 지구의 평균 반지름 6,378킬로미터의 약 절반입니다. 표면 면적은 지구의 약 28퍼센트입니다. 그런데 지구 표면의 약 70퍼센트가 물로 덮여 있다는 것을 생각해 보면 (화성은 현재 물로 덮여 있는 표면이 없기 때문에) 화성의 표면 영역과 지구의 물로 덮여 있지 않은 표면 영역은 그 크기가 비슷하다는 것을 알 수 있습니다.

화성도 지구의 달처럼 위성을 가지고 있는데 1개가 아니라

2개입니다. 각각 포보스(Phobos)와 데이모스(Deimos)라는 이름을 가지고 있는데, 이 이름은 그리스 신화의 마르스와 비너스 사이에서 태어난 쌍둥이의 이름을 붙인 것입니다. 참고로 화성의 영어 이름인 마스(Mars)는 그리스 신화에 나오는 군신 마르스에서 따온 것입니다. 이런 설정을 차용한 작품은 많은데 만화 〈세일러문〉에서는 화성의 수호자 '세일러 마스' 주변에서 그녀를 돕는 까마귀 두 마리의 이름이 포보스와 데이모스입니다. 포보스와 데이모스는 태양계에서 가장 작은 크기의 위성으로 포보스의 지름은 22.2킬로미터이고, 데이모스의 지름은 12.6킬로미터로 소행성에 가까운 크기입니다. 포보스는 화성 중심으로부터 약 9,378킬로미터 떨어져 있어서 태양계의 위성 중 행성과 가장 가까운데, 지구와 달의 거리가 평균 38만 킬로미터인 것과 비교해 보면 얼마나 근접해 있는지 알 수 있습니다. 그런데 이 포보스는 100년에 약 1.8미터씩 화성과 가까워지고 있어서 5,000만 년 이내에 화성과 충돌할 것으로 보입니다. 데이모스는 화성 중심으로부터 약 2만 3,456킬로미터 떨어져 있으며, 포보스와 반대로 화성으로부터 점점 멀어지고 있습니다.

지구의 하루는 24시간입니다. 화성은 어떨까요? 화성은 하루가 24시간 39분 35초입니다. 미국항공우주국의 큐리오시티팀 과학 책임자 존 그로칭거 박사는 이 시차 때문에 팀원들의 근무 시간이 늘어났다는 인터뷰를 한 적이 있습니다. 큐리오시티 팀원들은 매일 화성 시차에 맞게 39분 35초의 시차를 조정해 일해야 했는데, 조정하지 않고 일하는 경우가 많아 본의 아니게 연장 근무를 했다고 합니다. 우리가 해외여행을 가면 여행지에 맞춰 시차에 적응해야 하는데, 지구에서의 화성 탐사 업무를 해외여행과 비교한다면 다음과 같을 것입니다. 한 여행지에서 여러 날을 머무르는 것이 아니라 매일매일 39분 35초씩 시차가 차이 나는 새로운 지역으로 여행을 가고, 그때마다 시차에 맞춰 시계를 조정해야 하며, 더 나아가 24시간 39분 35초에 한 바퀴를 완전히 도는 시계도 마련해야 한다는 것을 의미합니다.

그렇다면 화성의 1년은 지구처럼 365일일까요? 이 질문은 사실 화성 탐사에서 매우 중요한 질문입니다. 왜냐하면 1년, 즉 태양을 한 바퀴 도는 시간 또는 공전주기는 화성과 지구 사이의 거리를 결정하며, 이 거리가 가까워져야만 인류는 화성을 향해 날아갈 수 있기 때문입니다. 태양을 한 바퀴 도는 시간과 화성과 지구 사이 거리가 무슨 관계인지 의아하겠지만 태양을 중심으로 도는 두 천체의 궤도는 서로 근접하는 시기가 존재하며, 이때를 최대한 이용하면 거리가 가까워진 만큼 연료와 시간을 아껴 화성에 도달할 수 있습니다.

화성의 1년 즉, 공전주기는 687일입니다. 지구와는 322일 차이가 나니 화성과 지구의 위치는 약 2년 2개월 만에 근접하게 되며, 이때가 지구에서 화성으로 가는, 또는 화성에서 지구로 돌아오는 적절한 때인 것입니다. 차이가 322일인데 왜 2년 2개월이냐고 생각할 수 있습니다. 지구와 태양, 화성 사이의 각도가 0도일 때 지구와 화성이 공전을 시작했다고 가정해 봅시다. 365일 지났을 때 지구는 하루에 약 1도(360도÷365일)씩 돌아 태양 주위를 한 바퀴를 돌았겠지만, 화성은 하루 약 0.524도(360도÷687일)를 돌아 시작점에서 약 191도(0.524×365일=약 191도)밖에 돌지 못했을 것입니다. 그런데 약 2년 2개월(779일)이면 지구는 태양 주위를 두 바퀴 돌고(지구 시간으로 2년이 지났고) 처음 위치에서 약 49도(즉, 49일)에 위치하게 되며, 화성은 태양 주위를 한 바퀴 돌고, 처음 위치에서 약 48도[0.524×(779일−687일)]에 위치하게 되어 서로 최대한 근접하게 되는 것입니다(위 수치는 이해를 돕기 위해 계산해 본 대략적인 값으로 많은 책에서는 약 2년 2개월로만 설명합니다).

그렇다면 화성은 지구처럼 사계절이 있을까요? 지구에서 사계절을 볼 수 있는 것은 자전축이 23.5도 기울어져 있기 때문입니다. 자전축이 기울어져 있어서 햇빛과 지표면이 이루는 각도가 계절에 따라 달라지고, 이로 인해 지역별로 태양에너지를 받는 양이 달라지는데 이것이 **계절**을 결정합니다. ❶ 화성의 자전축은 25.19도 기울어져 있습니다. 자전축이 기울어져 있어 지구와 마찬가지로 계절이 존재합니다. 다만, 자전축의 기울기 방향이 지구와 달라 계절이 같지 않으며, 공전주기가 지구보다 길어 한 계절이 오래 이어집니다.

지구와 화성의 사계절

각도	0 ~ 90°	90 ~ 180°	180 ~ 270°	270 ~ 360°
지구 북반구의 계절(시간)	봄 (약 93일)	여름 (약 94일)	가을 (약 89일)	겨울 (약 89일)
화성 북반구의 계절(시간)	여름 (약 199일)	가을 (약 171일)	겨울 (약 146일)	봄 (약 171일)

(화성이 태양으로부터 가장 멀어졌을 때, 즉, 원일점을 0도로 보고 기준으로 삼는다. 계절별 날짜가 차이 나는 것은 공전궤도가 타원형이기 때문이다.)

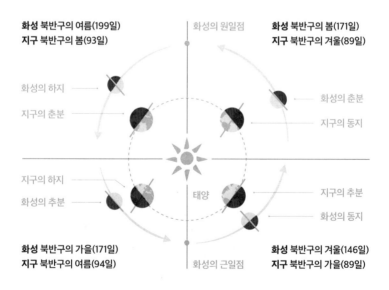

화성 북반구의 여름(199일)
지구 북반구의 봄(93일)

화성의 원일점

화성 북반구의 봄(171일)
지구 북반구의 겨울(89일)

화성의 하지

지구의 춘분

화성의 춘분

지구의 동지

지구의 하지

화성의 추분

태양

지구의 추분

화성의 동지

화성 북반구의 가을(171일)
지구 북반구의 여름(94일)

화성의 근일점

화성 북반구의 겨울(146일)
지구 북반구의 가을(89일)

인간이 화성에서 생존하기 위해서는 기본적으로 기온, 대기, 중력, 자기장, 물 등의 조건을 확인해야 합니다.

영화 〈마션〉 속 카메라 장면에서 화면 왼쪽에 흰색 숫자가 나오는데요. 이는 임무 수행 날짜, 기압, 산소 농도, 온도를 표시한 것입니다. 기지 내에선 기압이 약 12.5psi(압력의 단위. 1평방 인치당 파운드), 산소가 약 20.81퍼센트, 온도가 약 21도로 유지되다가, 기지 밖에선 기압이 0.12psi, 산소가 0.13퍼센트, 온도는 영하로 떨어지는 것을 확인할 수 있는데 이 내용은 실제 화성의 상황을 잘 표현했습니다. 영화 〈마션〉의 실제 촬영 기간은 70일인데 반해 준비에만 18개월이 걸린 것은 과학적 오류를 최대한 줄이기 위해서였다고 합니다.

❷ 화성의 기온은 평균 영하 53도인데 이것은 도달되는 태양에너지의 양도 적고, 대기층이 얇아서 밤에 기온이 많이 낮아지기 때문입니다. 지구는 대기층이 두꺼워 비닐하우스처럼 온도가 높고 일정하게 유지되는 것에 비해, 화성은 비닐이 벗겨져 철근만 남아 있는 비닐하우스 상태라고 생각하면 됩니다. 지역에 따라 평균기온의 차이는 크지만, 적도 부근을 기준으로 낮 온도는 27도 정도 된다고 알려져 있고, 밤에는 최저 영하 110도까지 떨어진다고 알려져 있습니다. 더불어 화성 전체의 일

광량(하루 동안 비치는 햇빛량)은 지구의 약 60퍼센트인데 이는 서울에서 겨울 한낮에 비치는 햇빛 정도라고 생각하면 됩니다. 화성도 수십억 년 전에는 지구 정도로 따뜻했다고 합니다. 하지만 지금은 밤에 생존 기지 내의 온도를 효과적으로 조절해야만 화성에 사는 인간이 생존할 수 있고, 더 나아가 식량인 식물도 기를 수 있을 것입니다.

❸ 화성의 대기는 매우 적습니다. 기압으로 비교하면 지구를 1로 봤을 때 0.006밖에 되지 않습니다. 영화 〈마션〉의 첫 장면인 모래 폭풍은 심각한 과학 오류로 지적받았습니다. 화성에서는 대기의 기압이 낮아서 바람의 속도가 아무리 빨라도 바람의 압력은 매우 낮아 그 피해가 미비할 것이기 때문입니다. 실제 강도는 먼지 낀 산들바람 정도이기 때문에 먼지 폭풍으로 기지가 파괴될 일은 절대 없으며, 그것보다 먼지가 장비 속으로 들어가 장비의 오작동을 일으킬 확률이 훨씬 높습니다.

모래 폭풍 외에 영화 〈마션〉 속 오류로 꼽히는 장면 중 하나가 바로 지구처럼 표현된 붉은 저녁노을입니다. 화성은 대기의 양이 적어 낮에는 산란이 거의 일어나지 않고, 대기 중엔 산화철 먼지가 많이 포함되어 있는데, 이로 인해 낮에는 분홍색 하늘이 보입니다. 저녁 시간에는 비스듬히 들어온 태양 빛이 대기를 가로지르는 길이가 늘어나면서 산란이 충분히 일어나며,

입자가 큰 산화철 먼지에 파장이 긴 붉은 빛이 부딪혀 사라지면서 푸른 저녁노을을 볼 수 있습니다.

기압이 적은 게 큰 문제가 되지 않을 것 같지만 잘 생각해 보면 꽤 심각한 문제입니다. 대기의 역할은 행성 온도를 일정하게 유지하는 것뿐만 아니라 강한 태양복사 에너지와 우주복사 에너지를 막아 주는 중요한 역할을 합니다. 화성 탐사 로버 큐리오시티가 한 조사에 따르면 화성에서 4~5일만 머물러도 지구에서 1년간 받을 방사선 양인 2.4mSv에 노출된다고 하며, 이는 암을 유발할 수 있습니다. 흉부 X-레이를 찍으면 0.04mSv, 뉴욕과 동경을 오가는 항공 승무원이 받는 연간 방사선 양이 9mSv이며, 발암 최저 한계치가 연간 100mSv라고 하니 아무런 대책 없이 화성에서 200일 정도 머무르는 것만으로 암에 걸릴 수 있습니다. 화성에서 인류가 살기 위해서는 화성 표토로 건물을 덮거나 지하 동굴 등 지형을 이용해서 이 복사에너지를 막아야 합니다.

기압이 낮다는 것은 인간 생존에 더 심각한 문제를 일으킬 수 있습니다. 아주 오래전에 나온 영화이지만 영화 〈토탈 리콜〉의 주인공 더글라스 퀘이드가 화성에서 보호복 없이 외부 환경에 노출되었다가 얼굴과 눈 등 신체가 부풀어 오르면서 죽을 뻔한 장면은 매우 유명합니다. 우리가 느끼지 못하고 있지만 우리 몸은 지구에 살면서 지구의 기압만큼 밀어내는 힘을 유지하고 있는데 기압이 지구의 0.006배밖에 되지 않는 화성에서는 화성의 대기가 우리 몸을 미는 힘은 미비하고, 몸에서 밖으로 밀어내는 힘만이 강하게 작용해 몸이 팽창해서 죽을 수 있습니다. 그래서 기지 안과 같이 기압이 지구와 같게 유지되는 곳이 아니라면 기압을 높여 주는 여압 우주복을 입어야만 인간은 화성에서 생존할 수 있습니다.

❹ 화성의 대기는 95퍼센트의 이산화탄소, 2퍼센트의 질소, 2퍼센트의 아르곤, 0.013퍼센트의 산소 등으로 구성되어 있습니다. 산소가 적은 것도 문제이지만 이산화탄소가 많다는 것은 인간에게 치명적입니다. 5퍼센트의 이산화탄소 농도에서 인간은 숨이 차거나 두통을 느끼며, 10퍼센트의 이산화탄소 농도에서는 호흡곤란과 구역질, 현기증을 느끼게 되며, 25퍼센트 이상의 이산화탄소 농도에서는 경련과 함께 혼수상태에 도달할 수 있습니다. 화성 자체의 높은 이산화탄소 농도도 문제이지만 인간이 하루에 배출하는 이산화탄소가 약 1킬로그램이라는 미국항공우주국의 연구 결과를 보면, 이것을 처리하는 것도 큰 과제가 될 것으로 보입니다. 인간이 화성으로 가는 동안, 그리고 화성에서 생존하기 위해서는 현재 우주왕복선에서 사용하는 방법인 수산화리튬을 이용해 이산화탄소를 제거하기보다는 식물

을 이용해서 이산화탄소는 줄이고 산소와 식량을 얻는 방법을 연구해야 할 것입니다. 수산화리튬을 이용하려면 화물량이 늘어나고, 화성에서 얻을 수 있는 자원도 한정적이기 때문입니다.

화성의 중력은 지구의 약 38퍼센트입니다. 이것과 관련해서도 영화 〈마션〉 속 오류를 찾을 수 있습니다. 주인공 와트니가 화성에서 걷는 장면을 보면 지구와 다름이 없는데(실제 촬영 장소는 요르단 와디 럼의 붉은 사막입니다) 실제 중력이 지구의 17퍼센트인 달에 첫발을 디딘 아폴로 11호의 닐 암스트롱의 걸음걸이를 본 사람이라면 이에 의문을 가져야만 합니다. 화성에서 걷는 장면은 지구가 아니라 달에서와 더 유사할 것입니다. 중력이 약한 것은 인간에게 어떤 영향을 줄까요? 이는 우주정거장에서 장기간 머무르는 우주인을 보면 알 수 있는데, 근력이 약해지고 뼈에서 칼슘이 빠져나가 뼈가 약해지게 됩니다. 인간 외에 식물은 우주정거장에서의 실험을 바탕으로 중력이 작으면 더 잘 자랄 수 있는데, 무중력과 지구의 38퍼센트에 해당하는 중력은 또 달라서 고려할 것이 많습니다.

지구, 달, 화성의 중력을 비교하고, 지구에서 80킬로그램인 사람의 몸무게가 어떻게 변하는지 비교하면 다음과 같습니다.

	지구	달	화성
중력	100%	지구의 17%	지구의 38%
몸무게	80kg	13.6kg	30.4kg

몸무게가 줄어드니 내심 좋아하는 사람도 있겠지만 화성에 사는 사람은 모두 같은 비율로 몸무게가 줄기 때문에 좋을 것이 없습니다. 질량은 우주 어디에서나 변화가 없고, 무게는 질량을 가진 물체에 가해지는 중력의 크기라는 점을 잊지 마시기 바랍니다. 그리고 화성에서는 중력이 약해진 만큼 하체로 쏠리는 혈액의 양이 줄어들어 지구에 살 때보다 상대적으로 얼굴로 혈액이 많이 몰려 얼굴이 약간 커집니다.

중력이 약하다는 것은 화성에서 우주로 이륙하는 것이 지구에 비해 쉽다는 것을 의미합니다. 지구보다 더 적은 에너지를 쓰고 덜 빠른 속도를 내도 화성에서는 중력권을 벗어날 수 있습니다. 그래서 일부 과학자들은 화성을 태양계 밖으로 나가기 위한 우주기지로 사용해야 한다고 주장합니다. 중력권을 벗어나기 위해서 지구에서는 11.18km/s의 속도가 필요한 반면 화성에서는 5.02km/s의 속도만 있어도 되며, 그만큼 연료를 적게 사용할 수 있습니다.

화성의 자기장 세기는 지구의 0.125퍼센트 정도밖에 되지 않습니다. 자기장은 눈에 보이지 않아 중요성을 잊기 쉽지만 자기장은 대기를 지키고, 복사에너지로부터 행성과 생명체를 지키는 역할을 합니다. 대기가 있어야 행성은 온도를 일정하게 유지할 수 있습니다. 42억 년 전까지 존재했던 화성의 자기장이 갑자기 사라지면서 대기가 사라졌고, 대기의 사라짐은 화성을 평균기온 영하 53도의 추운 행성으로 만들어 버렸습니다. 유럽우주기구(ESA)의 화성 탐사선 마스 익스프레스호와 미국항공우주국의 메이븐 화성 기후 연구 미션을 통해 이 내용이 확인되었고, 현재 상태라면 적게나마 남아 있는 화성의 대기 역시 사라질 것이라고 합니다. 그래서 미국항공우주국의 행성과학부 짐 그린 박사는 중력이 0이 되는 지점에 자기장 발생 장치를 가진 우주선을 설치해 인공적으로 자기장을 만들자는 제안을 했습니다. 만약 성공한다면 화성은 대기를 지킬 수 있고, 대기의 증가와 더불어 기온의 상승을 가져와 인간이 살기에 조금 더 적합한 행성이 될 것입니다.

지금까지 화성을 탐사한 많은 탐사 로봇이 있었습니다. 그 중 바이킹 착륙선, 큐리어시티, 마스 오디세이, 마스 익스프레스 등은 화성에 물이 존재한다는 사실을 증명했습니다. 과거 물이 흘렀던 증거를 발견하기도 했으며, 2008년에는 피닉스 착륙선이 화성 북극 만년설에 착륙함으로써 물의 존재를 확실히 증명했습니다. 과거에는 화성에 물이 풍부했을 것으로 보이며, 현재도 많은 물이 화성에 존재할 것으로 과학자들은 생각하고 있습니다. 물은 무게 때문에 지구에서 화성으로 많은 양을 운반하는 것이 어려워서 인류가 화성에 살기 위해서는 반드시 물이 있다는 것을 증명해야만 했습니다. ❺ 화성의 물은 현재 대부분 얼음으로 북극과 남극에 있을 것으로 생각되며, 일부는 영구동토로 화성의 지하에 있을 것으로 추측합니다. 이 영구동토를 파내서 가열해 증발한 물을 모으면 인간이 필요한 물을 얻을 수 있고, 더 나아가 이 물을 전기분해해 수소와 산소를 만든다면, 산소는 인간의 호흡을 위해 사용하고, 수소는 연료와 로켓의 원료로 사용할 수 있게 됩니다. 다만 이 과정에서 엄청난 에너지가 필요해서 태양광 에너지와 소형 원자로가 필요하게 됩니다.

화성의 여러 조건은 아직 인류가 살기에 적합하지 않습니다. 하지만 인류의 과학 문명은 이 문제를 해결해 나가고 있고, 영국의 신대륙 탐험과 같이 화성을 탐험하는 시대가 머지않았습니다. 여러 단체와 기업에서 화성에 유인우주선을 보내기 위해 준비하고 있으며, 대략 2026년에는 그 성공의 순간을 인류가 다 같이 목격할 수 있을 것입니다. 여러분도 영화 〈마션〉의 주인공처럼 화성 땅을 밟은 첫 세대가 될 수 있다는 점을 잊지 않기를 바랍니다. 화성 탐사는 이제 미래가 아닌 현재입니다.

배운 내용을 찬찬히 떠올리며 아래 빈칸을 채워 보세요.

화성은 태양계의 8개 행성 중 ❶(   ) 번째 행성이다. 화성은 많은 영화에서 다루었으며, 사람이 살 수 있을 것이라 주목받는 태양계 행성이다. 그렇다면 화성은 특징은 무엇일까? 화성의 반지름은 지구의 반지름에 비해 ❷(   ) 길이다. 위성은 ❸(   )개 가지고 있고, 하루가 24시간 39분 35초이며, 1년은 ❹(   )일이다. 대기의 기압과 자기장은 지구보다 적지만 자전축이 ❺(   )도 기울어져 있어서 지구처럼 사계절이 있다.

7

우주선을 타고 갈 수 있는 태양계 천체가 있을까요?

30초 예습 퀴즈

태양계 천체에 대해 얼마나 알고 있는지 OX 문제를 풀어 보세요.

❶ 태양은 우주에서 불타고 있는 거대한 공 모양의 불덩이다.　　（ O , X ）

❷ 크기와 구성 물질, 거리 등을 봤을 때 지구와
　가장 비슷한 행성은 화성이다.　　　　　　　　　　　　　　（ O , X ）

❸ 목성형 행성들은 모두 고리를 가지고 있다.　　　　　　　　（ O , X ）

❹ 목성 표면은 단단한 암석으로 되어 있어
　착륙해서 직접 탐사가 가능하다.　　　　　　　　　　　　　（ O , X ）

❺ 왜소행성은 모두 해왕성 밖에 위치한 카이퍼대에 있다.　　（ O , X ）

머지않은 미래에는 분명히 우주여행을 할 수 있을 겁니다. 그렇다면 여러분은 가장 먼저 어디에 가고 싶은가요? 우주정거장까지만 갔다 오기에는 우주로 나가기 위해 여러 가지 적응 훈련을 한 것이 아까울 만큼 너무 짧은 것 같고, 달은 이미 여러 나라에서 갔다 왔으므로 다른 곳을 가 보면 좋을 것 같아요. 샛별이라고도 부르는 금성이나 붉은빛의 화성, 아니면 반짝반짝 빛나고 있는 별들은 어떨까요?

　현재 지구에서 가장 멀리 날아가 행성들을 탐험하고 있는 무인 탐사선 뉴허라이즌호의 경우 출발한 지 23년쯤 지난 2029

년이 되어서야 태양계를 벗어날 수 있다고 합니다. 아쉽게도 태양계 밖을 벗어나 탐험을 하기에는 생각보다 시간이 너무 오래 걸립니다. 그렇다면 태양계 안에 있는 천체 중에서 우리가 착륙해서 탐사할 수 있는 곳은 어디일까요?

탐험을 시작하기에 앞서 흔하게 헷갈리는 용어에 대해 알아보도록 하겠습니다. 천문학 용어는 한자어라 괄호 안에 한자의 뜻을 생각하며 읽으면 이해하기가 쉽습니다.

천체, 항성, 행성, 소행성, 왜소행성, 위성

지구 대기권 밖, 즉 우주에서 천문학의 연구 대상이 되는 모든 것을 **천체(天體)**라고 합니다. 별, 행성, 위성, 은하, 성운, 성단, 혜성, 우주 먼지, 운석 등은 모두 천체에 속합니다.

우리가 보통 별이라고 부르는 **항성(恒星)**이란 내부에서 핵융합반응을 통해 스스로 빛과 열을 내는 아주 뜨거운 천체를 말합니다. 보통 밤하늘에서 위치가 변하지 않고 '항상 그 자리에' 고정되어 있어 항성이라고 부릅니다. 대부분 사람은 밤하늘에서 반짝이는 것들을 모두 별이라고 부르지만, 정확하게 말하자면 태양계에서 별은 태양이 유일합니다. 태양은 동쪽에서 떴다가 서쪽으로 지고 계절에 따라서도 위치가 바뀌니 항성이 아니라고요? 아닙니다. 사실 태양은 태양계 중심에 고정되어 있고 우리가 사는 지구가 스스로 한 바퀴 도는 자전과 태양을 중심에 두고 회전하는 공전을 하고 있습니다. 다만 우리는 지구에 살고 있어서 지구와 함께 움직이고 있으므로 마치 지구는 고정되어 있고 태양이 움직이는 것처럼 느껴지는 것뿐입니다.

태양(항성) 주변을 일정한 궤도를 그리며 공전하고 질량이 충분히 큰 구형의 천체를 행성(行星)이라고 합니다. 별처럼 빛나 보이지만 밤하늘에 고정되어 있지 않고 '계속 움직여서' 행성이라는 명칭이 붙었습니다. 행성이란 이름에 별이라는 뜻의 한자가 있지만, 행성은 스스로 빛을 내는 별이 아니라 태양 빛을 반사해서 빛나 보이는 천체입니다.

태양계에는 행성이 8개 존재합니다. 이 8개 행성은 각각 특징이 있지만 비슷한 특징을 가진 것끼리 묶어서 지구형 행성과 목성형 행성으로 나눕니다. 또한 화성과 목성 사이의 궤도에서 태양 주변을 공전하는 소행성(小行星)과 행성처럼 보이나 행성보다 작은 구형을 가지며 공전궤도에서 다른 천체를 끌어들이지 못하고 같이 공전하는 천체를 왜소행성(矮小行星)이라고 합니다. 소행성보다 왜소행성이 명칭에서는 더 작은 느낌이 드나 실제로는 왜소행성이 훨씬 더 크답니다.

행성, 왜소행성, 소행성과 같은 행성계 주위를 돌고 있는 천체를 **위성**(衛星)이라고 합니다. 행성을 지킨다, 보좌한다는 의미가 있습니다. 대표적으로 달이 있으며 행성과 마찬가지로 태양빛을 반사해서 빛나 보입니다.

태양계의 거리를 나타내는 천문단위(AU)

여행을 가려면 목적지가 얼마만큼 떨어져 있는지를 알아야 찾아갈 수가 있습니다. 우주에서도 마찬가지입니다. 태양계는 태양을 기준으로 다양한 천체가 공전하고 있습니다. 그래서 각 천체의 거리를 우리 지구를 기준으로 나타내면 천체가 움직일 때마다, 지구가 공전할 때마다 자꾸 바뀌게 되어 혼란스러울 거예요. 따라서 태양을 기준으로 얼마만큼 떨어져 있는지를 나타냅니다. 하지만 또 하나의 문제가 있습니다. 태양과 가장 가까이 있는 수성의 거리는 5,800만 킬로미터, 태양계 가장자리까지의 거리는 약 150억 킬로미터인데 숫자로 표현하려니 너무 큽니다. 그래서 우주에서의 거리는 우리가 일반적으로 사용하는 킬로미터가 아닌 새로운 단위를 사용합니다. 태양과 지구의 평균 거리인 1억 5,000만 킬로미터를 1AU(Astronomical Unit, 천문단위)라 정한 후 각 천체의 거리를 AU로 환산해서 사용합니다. 그러면 수성의 거리는 약 0.4AU, 태양계의 크기는 약 100AU가 되며 상대적으로 그 거리를 더 쉽게 이해할 수 있고 표현할 수 있습니다. 참고로 빛의 속도는 30만 km/s로, 이는 1초에 지구를 일곱 바퀴 반을 돌 수 있을 정도의 속도입니다. 이렇게 빠른 빛이 태양을 출발해서 1AU 거리에 있는 지구에 도착하는 데 걸리는 시간이 약 8분 20초라고 하니, 100AU는 얼마나 먼 거리인지 짐작이 가나요? 그러나 우주는 어디가 끝인지도 모르게 넓습니다. 그래서 태양계를 넘어 더 먼 거리를 나타낼 때는 파섹(pc), 광년(ly) 단위를 사용합니다.

자, 이제 그럼 태양계 천체들을 하나씩 살펴보도록 합시다.

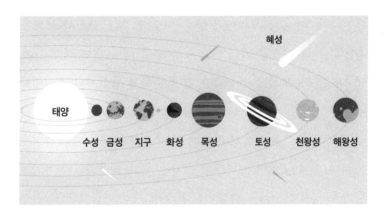

태양계를 구성하는 천체들

태양(太陽)

낯에 하늘을 올려다보면 어떠한 별도, 달도, 행성도 보이지 않을 만큼 눈부시게 빛나고 있는 태양이 있습니다. 태양계 중심에 있으며 태양계 유일한 항성인 태양에 간다면 정말 멋질 것 같습니다. 크기도 지구 지름의 109배로 지구와 달 사이를 왔다 갔다 하는 왕복을 두 번 할 만큼의 거리입니다. 질량도 태양계 질량의 99.86퍼센트를 차지하며, 태양계 전체의 균형을 유지하고 있습니다. 태양은 11.2km/s의 속력을 가진 로켓을 타고 5개월 정도 지나면 도착할 수 있는 거리에 있습니다.

하지만 태양에 가 보기에는 조금 힘들 수도 있겠습니다. 태양 질량의 약 4분의 3은 수소이며 나머지 4분의 1은 대부분 헬륨입니다. 이 수소가 핵융합반응을 통해 수소폭탄 십억 개를 폭발시킬 때 나오는 에너지를 온 우주에 매초 빛과 열로 내보내 태양을 눈부시게 만듭니다. ❶ 간단하게 말하자면 중심에서 수소가 불타고 있는 거대한 공 모양의 불덩이가 바로 태양입니다. 어떻게 동그랗게 불타고 있냐고요? 지구에서는 지구 중심으로 잡아당기는 중력과 따뜻한 공기는 위로 올라가고 차가워진 공기는 내려오는 대류 현상으로 불꽃이 아래는 넓고 위로 갈수록 좁아지는 물방울 같은 모양을 하고 있습니다. 하지만 우주는 무중력이라 태양 안에서 뜨거워진 물질이 모든 방향으로 뻗어 나갈 수 있습니다. 그러다가 어느 정도의 높이까지 올라오면 식으면서 가라앉는 대류가 일어나게 됩니다. 마치 물이 보글보글 끓는 것처럼 보이지요. 바로 그 높이까지가 태양의 크기이며 표면이 되는 것입니다. 이런 태양의 표면을 **광구**(光球)라고 해요.

그렇다면 태양은 얼마나 뜨겁게 불타고 있을까요? 중심 온도는 약 1,300만 도, 표면 온도는 약 5,500도에 이릅니다. 심지어 태양의 대기인 코로나(Corona)는 표면보다 거의 200배 정도 온도가 더 높습니다. 가스레인지의 푸른색 불꽃의 온도가 1,500도 정도고, 다이아몬드가 녹는 온도가 3,600도 정도니 태양 표면에만 가도 모두 녹아 버리다 못해 기체가 되어 버릴지도 모릅니다.

그래도 혹시 중심이 아닌 표면에는 온도가 낮은 부분이 있을지도 모르니 태양 표면을 자세히 살펴보도록 합시다. 표면 전체에서 보이는 쌀알 무늬는 내부에서 올라오는 뜨거운 열대류가 있는 부분이니 올라오는 중에 식었다 해도 뜨거울 것이 분명합니다. 그런데 간혹 검게 보이는 점 같은 것이 관찰됩니다. 이 부분은 온도가 낮고 단단한 지역일까요? 이 **흑점**(sunspot)은 중심에서 올라오는 빛이 강한 자기장에 막혀 주위보다 온도가 2,000도쯤 낮기 때문에 검게 보이는 지역입니다. 하지만 그렇다고 해서 수소가 고체가 될 만큼 온도가 낮지는 않습니다. 심지어 가끔 이곳에서 폭발이 일어나기도 하니 위험한 곳이라 할 수 있겠네요.

바로 이 폭발 현상인 **플레어(flare)**가 태양에 다가가기 더 어렵게 만듭니다. 플레어가 일어나면 태양은 사방으로 빛과 열뿐만 아니라 매우 작은 전하 입자를 매초 약 100만 톤씩 내보냅니다. 이 입자들은 매우 빠른 속도로 이동하는데 이를 **태양풍(solar wind)**이라고 합니다. 태양풍이 발생하면 엄청나게 많은 전자파와 방사선이 발생하고 이 때문에 전자기기가 망가지고 방사선에 노출되어 위험할 수 있습니다. 지구에서는 보통 이것들이 대부분 지구의 자기권과 대기권을 통과할 때 흡수되거나 흩어져 버리고, 지표에는 가시광선과 적외선만 들어옵니다. 하지만 규모가 큰 태양풍의 경우 정전을 일으키거나 인공위성과 비행기의 통신시스템을 망가뜨릴 수 있습니다. 여러 상황을 종합해 볼 때 태양을 직접 탐사한다는 것은 아무래도 무리일 것 같습니다.

그럼 이제 태양 주위를 돌고 있는 행성을 살펴볼까요?

지구형 행성

태양 가까이에 있으며 단단한 암석으로 구성되어 있고 크기가 작은 편이며 자전 속도가 느린 행성을 **지구형 행성**이라고 합니다. 지구형 행성에는 수성, 금성, 지구, 화성이 있습니다.

수성(水星)

태양과 가장 가까운 거리인 0.39AU(약 5,800만 킬로미터)에 있으며 가장 작은 행성인 수성은 이름과는 다르게 물이 없습니다. 가깝다고는 하지만 사실 태양 지름의 약 41배, 지구에서 달까지 거리의 약 153배만큼 멉니다. 그래도 다른 행성에 비해 태양과 매우 가까이 있는 탓에 표면 온도가 태양 빛이 비치는 쪽은 427도까지 올라가고, 반대쪽은 영하 193도까지 떨어지는 등 낮과 밤의 온도 차가 아주 큽니다. 또한 크기가 작아 대기를 붙잡을 만큼 중력이 크지는 않습니다. 대기가 태양풍으로 날아가 버려서 거의 없는 것도 큰 온도 차를 만드는 데 한몫합니다.

그래도 태양계가 형성될 당시 무거운 물질들은 태양풍에 날아가지 않고 뭉쳐서 달과 크기가 비슷한 수성이 되었습니다. 암석으로 된 땅은 있으나 대기가 없어 외부에서 날아오는 운석들이 충돌해 생긴 크레이터도 처음 모양 그대로이지요. 바람도 불지 않고 비나 눈이 오지도 않습니다. 낮에도 하늘을 바라보면 깜깜한 하늘에 커다란 태양만 보일 겁니다. 이렇듯 달과 유사한 환경이라 달에 처음 발을 내디딘 암스트롱의 발자국이 지금도 남아 있는 것처럼 수성에도 발자국을 영원히 남길 수 있습니다. 태양풍과 엄청난 온도 차를 이겨내고, 어디서 날아올지 모르는 천체들을 피할 수 있다면 한번 가 보는 것도 나쁘지 않을 것 같습니다.

금성(金星)

태양으로부터 0.723AU(약 1억 800만 킬로미터) 떨어진 곳에 있는 금성은 크기와 구성 물질, 거리 등을 봤을 때 지구와 가장 비슷합니다. 수성과 반대로 금성은 두꺼운 대기가 있어 태양 빛이 많이 반사되어 지구에서 봤을 때 황금빛으로 반짝이며 가장 밝게 보입니다. 이 두꺼운 이산화탄소 대기가 담요 같은 역할을 해서 열이 밖으로 빠져나가는 것을 막습니다. 이를 온실효과라고 하는데 이로 인해 금성 지표면의 기압은 지구의 90배에 달하고, 표면 온도는 464도나 됩니다. 이는 납을 녹일 정도의 온도랍니다. 레이더로 촬영한 사진으로는 지구와 비슷하게 산과 계곡, 평지 등의 지형이 보이고 화산 활동도 있어 보입니다. 땅이 있으므로 탐사선이 착륙할 수 있습니다. 과거 러시아 무인 탐사선들이 금성의 표면에 착륙해서 두 시간 정도 탐사했습니다. 하지만 황산비가 내리는 데다가 온도와 기압도 높은 곳이라 탐사선이 금방 고장 나 버렸지요. 따라서 착륙은 가능하나 탐사선 밖으로 나오기 힘들 뿐만 아니라 지구로 되돌아오기는 더 힘들 것 같습니다.

화성(火星)

우리가 사는 지구를 지나서 더 멀리 가다 보면 1.52AU(약 2억 2,800만 킬로미터) 거리에 태양계의 4번째 행성인 화성이 있습니다. 화성을 이루는 돌과 흙에 산화철이 많아서 표면이 붉게 보입니다. ❷ 화성은 지구와 매우 비슷하게 물이 흐른 흔적도 있고 평원과 높은 산도 있으며, 약 25시간에 한 바퀴씩 자전하고 사계절도 있습니다. 여러모로 지구와 가깝고 비슷한 화성이기에 과학자들은 화성에는 생명체가 존재하지 않을까 기대하며 여러 차례 탐사선을 보내서 탐사하고 있습니다. 심지어 화성의 극지방에 얼음으로 된 극관과 지각 속에 액체 상태의 물을 발견해 그 기대가 더 높아지고 있습니다.

그래서 흔히 화성이 지구와 비슷한 크기라 생각하지만, 실제 크기는 지구 지름의 절반, 질량은 지구의 10분의 1, 중력은 지구의 3분의 1 정도입니다. 그래서 대기를 붙잡을 수 없어서 대기가 매우 희박합니다. 또한 이산화탄소가 대기의 대부분을 차지하지만 그 양이 적어 온실효과를 일으킬 정도도 되지 않습니다. 지구보다 멀어 태양열을 적게 받는 데다가 온실효과도 없어 평균온도가 영하 80도로 매우 춥습니다. 미국 우주탐사 기업 스페이스X의 최고 경영자인 일론 머스크가 유인우주선을 만들어 2050년까지 화성에 100만 명을 이주시키는 계획을 발표했습니다. 화성까지 가는 데 6개월이 걸리고 다시 돌아오려면 1년 반을 기다렸다가 또 6개월이 걸려 돌아와야 하겠지만, 장거리 우주여행 기술이 개발되어 가능하다면 가장 현실적인 우주여행이 될 것 같습니다.

소행성대

화성에서 더 멀리 가기 위해서는 수백만 개의 크고 작은 바위 조각인 소행성으로 구성된 소행성대를 지나야 합니다. 지구형 행성이 생길 수도 있었을 위치지만, 태양과 거대 행성인 목성의 중력이 서로 반대 방향으로 작용하는 탓에 행성의 모습을 갖추지 못하고 부서진 채로 공전하고 있습니다. 크기도 제각각, 모양도 제각각 울퉁불퉁합니다. 예외로 공 모양을 갖춘 소행성 세레

스도 발견되었는데 나중에 왜소행성으로 분류가 바뀌었습니다.

이 소행성들은 2.2~3.3AU 사이에서 약 1억 킬로미터 두께로 띠를 이루며 매우 빠른 속도로 공전하고 있습니다. 이 구역을 지나갈 때 우주선과 부딪히면 어떡할지 걱정이 앞서나요? 하지만 우주선을 타고 지나간다 해도 우리가 소행성대를 지나고 있는지 알기는 어렵습니다. 소행성의 숫자는 매우 많지만, 소행성들 사이의 평균 거리가 지구와 달 사이의 2.5배로 매우 멀리 떨어져 있고 크기도 대체로 1킬로미터 정도로 작아서 거의 보이지 않거든요. 이렇게 멀리 떨어져 있는 소행성 중 하나를 찾는다고 하더라도 중력이 매우 약하기 때문에 우주선이 빨려 들어간다든가 하는 일은 없을 것 같습니다. 그러니 소행성에 착륙을 시도하기란 매우 어렵겠죠. '날아가는 총알을, 총으로 쏴서 맞추는 것'이라 비유할 정도입니다. 하지만 현재 항공우주공학의 기술은 무인 우주탐사선인 니어 슈메이커나 하야부사가 소행성에 착륙해 샘플을 채취하고 이를 지구로 보내는 정도로 발달했으니 유인우주선도 언젠가 가능할지도 모르겠습니다.

암석으로 된 행성들은 여기까지입니다. 태양계 형성 초기에 암석 성분이 많지 않아 이것들이 뭉쳐서 행성들을 많이 만들기에는 역부족이었나 봅니다. 그렇다면 태양풍에 날아간 가벼운 물질들은 어떤 행성들을 만들었을까요?

목성형 행성

소행성대 바깥쪽에 있으며 주로 수소와 헬륨 등의 휘발성 기체로 구성된 행성들을 **목성형 행성**이라고 합니다. 지구형 행성에 비해 질량이 10배 이상, 지름이 4배 이상 크고 자전 속도도 빠릅니다. 또한 ❸ 중력이 크기 때문에 매우 많은 위성과 고리를 가지고 있습니다. 목성형 행성에는 목성, 토성, 천왕성, 해왕성이 있습니다.

목성(木星)

태양에서 5.2AU(약 7억 8,000만 킬로미터)나 멀리 떨어진 위치에 있지만 밤하늘에서 금성 다음으로 밝게 보이는 행성은 바로 목성입니다. 이렇게 밝게 보이는 이유는 목성이 지구 지름보다 11배나 커 햇빛 반사가 많이 일어나기 때문입니다. 또한 목성의 질량은 지구의 318배, 부피는 1,300배나 될 만큼 태양계에서 가장 부피가 크고 무거운 행성입니다. 태양계의 다른 행성들 모두를 다 합친 질량보다도 2.5배나 무겁답니다. 하지만 목성은 밀도가 매우 작습니다. 태양처럼 밀도가 낮은 수소와 헬륨으로 주로 구성되어 있기 때문입니다. 그래서 목성이 조금만 더 컸다면 또 다른 태양이 될 수도 있었을 거라는 이야기도 있습니다.

하지만 사실 목성 내부에서 수소핵 융합반응이 일어나 별이 되기 위해서는 지금보다 적어도 75배는 커야 가능한 일입니다.

자, 이렇게 충분히 큰 목성에는 손쉽게 어느 위치에나 착륙할 수 있을 것만 같습니다. ❹ 하지만 안타깝게도 목성은 지구형 행성들처럼 발을 디딜 수 있는 땅이 없습니다. 중심에는 얼음이나 암석으로 된 단단한 핵이 있으나 크기가 작아 그곳까지 들어가기에는 무리입니다. 핵 위로 금속성 수소와 수소 기체, 헬륨, 메테인, 암모니아 등의 기체가 두껍게 둘러싸고 있으니깐요.

이 두꺼운 대기는 어떤지 매우 궁금해서 들어가 보고 싶지 않은가요? 하지만 목성 대기의 두께는 5,000킬로미터 이상이고 내부 압력은 최고 1,000기압 이상이라 너무 깊게 들어가면 우주선이 기압에 종잇장처럼 찌그러질 겁니다. 심지어 태양처럼 목성의 적도 부근과 고위도 부근은 대기가 이동하는 속도가 다릅니다. 지구는 24시간에 한 바퀴 자전한다면 목성은 약 9시간 50분밖에 걸리지 않습니다. 들어갔다가는 휘몰아치는 대기에 휩쓸려 어디론가 날아가 버릴지도 몰라요. 아무래도 들어가 보는 건 포기해야 할 것 같습니다.

그렇다면 안타깝지만, 목성의 밖에서 관찰해야 할 것 같아요. 목성 대기는 암모니아 결정으로 구성된 구름으로 항상 덮여 있습니다. 이 구름이 바로 목성 하면 떠오르는 가로로 나란한 줄무늬를 만들고 있습니다. 검은 줄무늬를 **띠**(belt), 밝은 줄무늬를 **대**(zone)라고 하며 대와 띠는 바람의 속도가 다르고 깊이도 다릅니다. 또한 지구처럼 대륙과 해양이 있거나 달과 화성처럼 특징적인 지형이 보이는 것이 아니므로, 이 무늬를 목성 표면의 지역을 나누는 데 사용하기도 합니다. 그래야 어디서 번개와 같은 대기 현상이 일어나는지, 혜성이 떨어졌는지 말할 수 있을 테니까요.

목성의 남반구 대기에는 아주 크고 붉은 점인 **대적점**(great red spot)이 있습니다. 태양의 흑점과 같은 곳일까요? 흑점은 자기장에 막혀 온도가 낮아져 검게 보이는 지역이라면, 대적점은 망원경으로 관측을 시작한 17세기부터 존재한 거대 폭풍으로 그 크기는 지구의 3배나 됩니다. 그러니 사실 우리가 관측하기 훨씬 전부터 있었을지도 몰라요. 지구에서도 여름이 되면 태풍이 많이 발생하기는 하지만 대형 태풍도 수명은 20일이 안 됩니다. 그와 비교한다면 목성의 폭풍 규모는 짐작하기 어려울 만큼 크다는 것을 알 수 있습니다. 대적점 이외에도 목성에는 작은 갈색과 흰색의 폭풍이 많이 발생했다가 사라집니다.

사실 목성은 지구의 2.5배나 강한 중력으로 근처를 지나는 혜성과 소행성을 끌어당깁니다. 가장 최근에는 슈메이커-레비9 혜성을 끌어당겨 충돌하기도 전에 21개 조각으로 부서뜨렸고,

조각들을 끌어당겨 목성 대기에 충돌시키는 바람에 거대한 반점들이 남았습니다. 충돌 당시 약 6조 톤의 다이너마이트에 해당하는 폭발력을 가졌던 것으로 추측합니다. 이것이 지구에 떨어졌다면 상상만 해도 무섭지 않나요? 목성은 이렇듯 태양계 안쪽으로 들어오는 물체들이 더 안으로 들어가지 못하게 막아주는 역할을 합니다. 하지만 우리가 탄 우주선을 끌어당긴다면 벗어나기가 매우 힘들 겁니다. 아무래도 목성에 착륙은 고사하고 근처에 가기도 힘들 것 같습니다. 적당한 거리에서 이 목성의 중력을 이용해 더 멀리 날아가는 데 이용해야겠습니다.

목성의 위성들

그럼 목성에 가지는 못하더라도 목성 주위를 돌고 있는 위성에 가 보는 것은 어떨까요? 목성은 위성도 79개나 가지고 있습니다. 그중에서 이오, 유로파, 가니메데, 칼리스토는 갈릴레이가 망원경으로 발견할 만큼 크기가 큽니다. 목성과 가장 가까운 이오는 암석으로 이루어져 있습니다. 하지만 목성 중력의 영향을 받아 화산 활동이 활발해 용암이 땅을 뒤덮고 있습니다. 유로파는 얼음과 바위로 된 지각이 있습니다. 대기에는 아주 엷지만 산소도 있습니다. 크기는 달보다 작지만 얼음 밑에 물이 있을 것으로 보고 있어, 지구 외에 생명체가 살기에 꽤나 괜찮은 환경으로 보입니다. 가니메데는 태양계에서 가장 큰 위성으로 수성보다도 크지만 암석과 얼음으로 되어 있어 질량은 적습니다. 철로 된 핵이 있어 자기장을 형성하고 있으며 아주 엷은 산소 대기층이 있습니다. 4대 위성 중 목성에서 가장 멀리 있는 칼리스토는 수성과 비슷한 크기이며 암석과 얼음으로 이루어져 있습니다. 또 이오와 달리 화산 활동이 일어나지 않아 안정적입니다.

토성(土星)

태양과 목성의 거리보다 거의 2배 먼 9.58AU에 위치한 토성은 목성 다음으로 큰 행성입니다. 크기는 지구의 9배나 되나 부피에 비해 질량이 작아 평균 밀도가 $0.7g/cm^3$로 물보다도 작습니다. 아마 토성을 물에 넣을 수만 있다면 물 위에 둥둥 떠 있을 겁니다. 토성도 목성과 비슷하게 수소와 헬륨이 주성분입니다. 내부 구조도 비슷하고 자전 속도가 빨라 토성 표면도 목성과 같이 줄무늬 구름층이 보입니다. 대기에 진입한다고 해도 시속 1,800킬로미터의 강풍이 휘몰아치고 있어서 역시 착륙은 할 수 없을 것 같습니다. 또한 태양과 멀리 떨어져 있어 지구가 받는 태양복사 에너지의 100분의 1밖에 받지 못해 표면 온도가 영하 180도에 이르니 토성에 도착한다면 강풍에 날아가거나 낮은 온도에 얼어 버리지 않을까요?

토성은 목성과 달리 넓은 판 모양의 아름다운 고리를 가지고 있습니다. 물론 목성도 고리를 가지고 있지만 티끌로 이루어진 고리라 매우 얇아서 우리 눈에는 거의 보이지 않아요. 그러나 토성의 고리는 지구 8개를 나란히 줄지어 넣고도 남을 만큼 넓으니, 우주선도 올라갈 수 있지 않을까요? 하지만 안타깝게도 토성의 고리는 작은 얼음 알갱이와 돌로 구성된 아주 가는 고리들이 모인 형태입니다. 각각의 얼음과 돌이 토성 주위를 공전하고 있는 데다가 평균 두께가 20미터밖에 안 되어서 올라서기는 불가능할 것 같습니다.

토성의 위성들

토성은 목성보다 많은 위성을 거느리고 있습니다. 그렇다면 그중에 갈 만한 곳이 있지 않을까요? 토성의 모든 위성은 주로 얼음으로 되어 있습니다. 하지만 토성의 가장 큰 위성인 타이탄은 달의 지름보다 약 1.5배나 더 크며 암석으로 되어 있습니다. 가니메데보다는 작지만 행성인 수성보다는 큽니다. 위성 중에서 유일하게 두꺼운 질소 대기로 둘러싸여 있습니다. 타이탄은 지구와 비슷하게 산과 강, 호수, 암석이 있습니다. 겉모습으로만 보면 지구인이 이주해서 살 수도 있을 것만 같습니다. 그러나 이런 모습은 영하 180도에서 액체 상태인 메테인이 지구의 물처럼 증발해서 구름도 만들고 비도 내리면서 만든 것이라 지구인이 살기에는 힘든 환경입니다. 하지만 타이탄 지각 아래에는 암석과 뒤섞인 얼음층과 물의 바다가 있어서 외계 생명체가 존재한다면 아마 그 생명체의 터전으로 가장 유력한 곳 중 하나가 타이탄이 아닐까 합니다.

천왕성(天王星)

태양에서 19.2AU를 날아가면 청록색으로 빛나고 있는 천왕성을 만날 수 있습니다. 천왕성도 목성형 행성이라 대기의 대부분을 수소가 차지하고 있으나 메탄이 소량 포함되어 있어 태양 빛의 붉은 파장을 흡수하고 청색과 녹색 파장의 빛을 반사해 우리 눈에는 푸르게 보입니다.

천왕성은 자전축이 98도 기울어져 있어 앞구르기를 하듯이 자전하면서 태양 주위를 공전하고 있습니다. 그래서 천왕성의 극 지역은 42년간은 낮이, 42년간은 밤이 이어집니다. 천왕성이 낮인 기간에 극 지역에 도착해야만 탐사를 할 수 있을 것 같습니다. 하지만 태양과 너무 멀어서 낮이든 밤이든 평균온도는 영하 215도 정도로 매우 춥습니다.

천왕성의 내부는 목성이나 토성과는 조금 다릅니다. 천왕성은 내부에 메탄과 암모니아의 얼음과 암석이 존재할 것으로 보고 있습니다. 대기도 목성형 행성치고 빠르게 자전하지 않고 얼음과 암석도 있다 하니 우주선이 착륙할 수 있지 않을까 기대를 해 볼 만하지만, 우리가 땅이라고 할 만한 지각은 없습니다. 위성도 많지만 크기가 작은 데다가 암모니아와 이산화탄소 얼음과 암석으로 구성되어 굉장히 혹독한 환경일 것입니다.

해왕성(海王星)

태양에서 가장 먼 30.1AU에 있는 행성, 해왕성입니다. 해왕성은 천왕성과 같이 얼음과 암석으로 된 얼음 행성입니다. 그렇지만 역시 대기와 지표의 구분이 없어 착륙하기는 힘듭니다. 또한 천왕성과 달리 해왕성의 대기는 매우 빠르게 움직여 줄무늬와 엄청나게 빠른 태풍이 발생합니다. 그래서 목성의 대적점 같은 **대흑점(great dark spot)**이 보입니다. 하지만 대적점과 달리 관측할 때마다 모양과 크기가 변하고, 지속 시간도 수년밖에 안 됩니다.

해왕성의 위성 중 가장 큰 것은 트리톤입니다. 얼음과 얼어있는 질소, 얼음 맨틀, 금속과 바위로 된 핵으로 구성되어 있으나 활동적으로 화산 활동이 일어나는 위험한 위성이라 유인 탐사를 권하진 않겠습니다.

왜소행성

마지막 행성까지 알아보았습니다. ❻ 그런데 해왕성보다도 훨씬 멀리 카이퍼대라고 하는 곳에는 행성처럼 둥근 공 모양의 천체이긴 하지만 크기가 행성에 비해 매우 작은 천체들이 있습니다(예외로 세레스는 소행성대에 있습니다). 하지만 행성이라기엔 자신의 공전궤도에 있는 다른 천체를 흡수하지 못하고 같이 공전하지요. 이를 **왜소행성**이라 부릅니다.

그중 가장 가까운 **명왕성**(134340 Pluto)을 살펴보도록 할까요? 명왕성은 원래 태양계 아홉 번째 행성이었고 카론이라는 커다란 위성도 가지고 있었는데 안타깝게도 더 큰 **에리스**가 발견되면서 2006년 왜소행성으로 분류되었습니다. 그래도 명왕성은 목성형 행성과는 달리 암석과 얼음으로 이루어져 있어 착륙은 가능해 보입니다. 하지만 표면적이 러시아 면적과 비슷합니다. 달이나 가니메데, 타이탄, 이오, 트리톤 등의 위성들보다도 작은 크기입니다. 거리도 너무 멀어 태양 빛이 도달하는 데만도 5시간 27분이 걸리며 매우 적은 양의 빛과 열이 명왕성을 데워 줍니다. 그래서 명왕성의 평균 온도는 영하 223도로 매우 낮습니다. 이는 종종 장미꽃이나 풍선 얼리기 실험을 하는 데 사용하는 질소의 어는점(영하 210도)보다도 낮은 온도인 겁니다. 나가

자마자 얼어 버려서 기념사진은 찍을 수 있을지 모르겠습니다.

자, 이제 여러분은 어느 천체에 가고 싶은가요?

성운과 성단은

어떻게
다를까요?

30초 예습 퀴즈

성운과 성단에 대해 얼마나 알고 있는지 OX 문제를 풀어 보세요.

❶ 성간 공간은 아무것도 존재하지 않는 완전한 진공상태이다.　(O , X)

❷ 반사성운과 발광성운은 모두 스스로 빛을 낸다.　(O , X)

❸ 별은 주로 성운에서 탄생한다.　(O , X)

❹ 한번 탄생한 별은 시간이 지나도 변함없는 모습으로 빛난다.　(O , X)

❺ 산개성단을 이루는 별들은 구상성단을
　이루는 별들에 비해 대체로 푸른색을 띤다.　(O , X)

우주는 우리가 상상하기 어려울 정도로 넓은 공간입니다. 약 78억 명에 달하는 인간과 수많은 동식물이 더불어 살아가는 지구, 이런 지구보다 약 130만 배 더 큰 부피를 자랑하는 태양, 그리고 지구처럼 태양 주변을 공전하고 있는 여러 태양계 행성들과 그 밖에 위성과 소행성, 혜성. 태양계가 차지하는 영역이 우리에게는 매우 넓게 느껴질지 몰라도 우주 공간에서는 무시해도 상관없을 정도로 하찮은 부분이랍니다. 여러분이 학교에서 주로 생활하는 교실을 우주 공간이라고 한다면 태양계는 그곳에 날리는 작은 먼지보다 더 작다고 할 수 있죠.

사실 인간 중에 그 누구도 우주의 끝은 본 적이 없습니다. 천문학자들의 연구에 따르면 우주는 계속해서 커지고 있습니다. 그래서 우주의 크기가 말로는 표현할 수 없을 정도로 크다는 것을 알고는 있지만, "그래서 얼마나 크다는 거야?"라고 묻는다면 추측과 가설로만 대답할 수 있답니다.

커다란 우주의 작은 부분을 우리는 밤하늘을 통해 관찰할 수 있습니다. 맨눈으로 볼 수도 있고 천체망원경을 사용할 수도 있지요. 주변에 불빛이 거의 없는 아주 어두운 곳으로 가면 갈수록 밤하늘의 반짝이는 천체는 더 많이, 그리고 더 선명하게 보인답니다. 그런데 이런 밤하늘을 자세히 보면, 또렷하게 밝은 점으로 반짝이는 별들이 있는가 하면 작은 구름처럼 뿌옇고 희미하게 보이는 것들도 있습니다.

선명하지 않고 뿌옇게 보이는 것 중에 성운과 성단이 있습니다. 그런데 지구에서 관찰하는 우리가 맨눈으로 구분하기 매우 어렵지만, 이 둘은 확실히 다른 천체랍니다. 우선 별과 별 사이의 우주 공간에는 어떤 물질들이 있는지 살펴보는 것을 시작으로, 성운과 성단이 어떻게 다른지 차근차근 알아봅시다.

별과 별 사이에 존재하는 물질

우주에서 별과 별 사이의 광활한 공간을 **성간(星間)**이라고 부릅니다. 2014년에 개봉한 크리스토퍼 놀런 감독의 영화 〈인터스텔라(interstellar)〉가 바로 성간이라는 뜻이죠. 밤하늘의 별들을 올려다보면 반짝이는 별과 별 사이의 거리가 그리 멀지 않다고 느낄 수도 있는데요. 하지만 앞서 이야기한 것처럼 우주는 상상할 수 없을 만큼 커다란 공간입니다. 별들 사이의 거리는 매우 멀고, 따라서 성간 공간은 엄청나게 넓죠. 태양계의 중심인 태양으로부터 가장 가까운 프록시마 켄타우리 별까지의 거리가 약 4.2광년이나 된답니다. 여러분에게 친숙한 킬로미터 단위로 굳이 따지면 40,000,000,000,000킬로미터, 즉 4뒤에 0이 13개나 붙는 거리만큼 어마어마하게 떨어졌죠.

이렇게나 넓은 성간 공간에는 어떤 물질들이 있을까요? 성간에 존재하는 물질을 **성간물질(interstellar matter)**이라고 부르는데요. 과학의 수준이 현재에 미치지 못했던 과거에는 우주 공간이 '에테르'라는 물질로 가득 차 있다고 믿기도 하고, 아무것도 없는 완전한 진공이라고 믿었던 적도 있었습니다. ❶ 사실 현재의 과학 또한 우주에 대해서는 모르는 것투성이지만, 현재까지 밝혀진 바로, 성간물질에는 **성간가스(gas)**와 **성간 티끌(dust)**이 있답니다. 즉, 성간 공간에는 기체와 티끌이 공존하고 있는 것이지요.

성간물질을 같은 부피 속에 들어 있는 지구 대기의 기체 입자와 비교해 보면, 지구 대기의 기체 입자 수가 성간 공간의 물질 입자 수보다 적게는 100,000,000배에서 많게는 10,000,000,000,000,000,000배나 더 많습니다. 우주에서 다루는 숫자가 너무 크죠? 과학에서 완전한 진공이라고 하면 공간 속에 어떠한 입자도 존재하지 않을 때를 말하는데요. 우주의 성간 공간에 분포하는 물질의 입자 수는 매우 적기 때문에 완전한 진공에 가깝다고 할 수 있습니다.

우주가 완전한 진공에 가깝다는 점 때문에 사람들은 '우주 공간에 맨몸으로 노출되면 어떻게 될까?'라는 질문을 던지곤 합니다. 물론 우주복 없이 맨몸으로 우주에 뛰어드는 사람은 없겠지만 말이죠. 과거의 어떤 SF영화에서는 우주에 노출된 주인공의 몸이 급격히 부풀면서 터지기 직전까지 가는 장면이 나왔는데요. 간단히 생각해 보면 우주는 압력이 거의 0이고, 인간의 몸은 지구에서 1기압에 적응되어 있으니, 높은 곳에 올라간 헬륨 풍선이 점점 부풀어 터지는 것과 같은 현상이 일어날 것이라고 볼 수도 있겠죠.

하지만 인간의 피부는 부풀어 터질 만큼 약하지 않답니다. 미국항공우주국의 주요 연구소인 고다드우주비행센터에서 발표한 내용에 따르면, 우주에 맨몸으로 노출되면 피부나 일부 조직이 다소 부풀어 오르기는 하지만 터질 정도가 되는 것은 아닙니다. 하지만 우주는 자외선이 매우 강력해서 노출되는 즉시 태양 빛에 심한 화상을 입을 수 있습니다. 그리고 산소가 없으므로 1~2분 이후에는 의식을 잃게 된다고 합니다.

영화 〈마션〉의 원작 소설을 쓴 앤디 위어가 쓴 《아르테미스》라는 소설을 보면, 주인공이 우주에 맨몸으로 3분 정도 노출되었을 때 느낌을 다음과 같이 묘사하고 있습니다.

"햇빛이 눈을 멀게 할 것처럼 공격해 왔다. 폐에서 공기가 빠져나갔다. 가슴을 팽창시켰지만 아무것도 들어오지 않았다. 무시무시한 기분이었다……. 양손과 목은 타오르고 옷으로 보호한 몸의 나머지 부분은 천천히 익어 가기 시작했다. 진공상태에서 체액이 끓어올라 입과 눈에서 거품이 일었다. 세상이 깜깜해졌고 의식이 사라졌다."

구름인 듯 구름 아닌 성간물질

성간가스와 성간 티끌은 우주 공간에 골고루 분포하고 있지 않습니다. 어느 구역은 매우 희박하게, 또 어느 구역은 상대적으로 많이 분포하고 있죠. 성간의 어느 구역에 성간물질이 상대적으로 밀집되어 분포하면, 마치 구름이 긴 것처럼 뿌옇게 보이기도 하는데요. 이것을 **성간 구름** 또는 **성운**(星雲)이라고 부른답니다.

여러분이 흔히 알고 있는 지구의 구름은 대기 중의 수증기가 물방울이 되면서 만들어집니다. 수증기가 물방울이 되는 과정을 **응결**이라고 부르는데, 일반적으로 대기 중 수증기량이 증가하거나 기온이 낮아질 때 발생하는 현상이죠. 이러한 구름은 하늘 높은 곳뿐만 아니라 땅 근처에서도 만들어질 수 있습니다. 우리가 잘 알고 있는 안개가 바로 땅 근처에서 만들어지는 구름이랍니다. 높은 산허리를 휘감고 있는 구름을, 산 아래에서 올려다볼 때는 구름이라고 부르지만, 산에 올라 그 안에 들어가면 안개라고 부르는 것이죠.

성간물질을 구성하는 성간가스와 성간 티끌은 우주 전체에 걸쳐 퍼져 있는데, 성간 공간에서 구름처럼 보이는 성운은 성간물질이 주변과 비교해서 상대적으로 밀집된 지역입니다. 지구의 구름이 수증기가 응결한 물방울로 이루어진 것과는 달리 성운은 성간가스와 성간 티끌로 이루어져 있으니 유의해야겠죠?

성운에서 기체와 티끌은 서로 분리되지 않고 섞여 있습니다. 성운마다 차이는 있겠지만 기체와 티끌의 구성 비율은 대체로 일정하답니다.

성간 공간 곳곳에 분포하는 성운은 그것을 관측할 때 보이는 특징에 따라서 세 가지 종류로 구분할 수 있습니다. 어떤 성운은 어둡게 보이고, 또 어떤 성운은 푸른색으로 보이기도 하고, 그리고 또 어떤 성운은 붉은색으로 보이기도 하죠. 이들을 각각 **암흑성운**, **반사성운**, 그리고 **발광성운**이라 부른답니다. 이렇게 서로 다른 이름이 붙은 성운이 왜 이런 특징을 보이는지, 각각에 대해 함께 알아봅시다.

안개가 낀 날 밤에 저 멀리 가로등 불빛을 바라보는 상황을 떠올려 봅시다. 안개가 가득한 날 우리 눈에 들어오는 가로등 불빛의 세기는 맑은 날에 비해 더 약하고, 안개가 짙으면 짙을수록 더 어두워 보일 겁니다. 성운을 통과하는 별빛의 세기도 마찬가지입니다. 성간가스와 성간 티끌이 상대적으로 밀집한 성운을 별빛이 통과하지 못해서, 마치 먹구름이 낀 것과 같이 어둡게 보이는 성운을 **암흑성운**이라고 부릅니다. 특히 성간 티끌은 평균적으로 63빌딩 정도의 부피 안에 겨우 1개가 들어 있을 정도로 매우 적은 양이 분포하지만, 성간가스와 비교하면 별빛을 차단하는 능력이 월등합니다. 성간 티끌의 양이 적어도 우주는 매우 넓으므로 암흑성운 뒤에 있는 별빛은 우리에게 도달하지 못하고 차단되는 것이죠.

한편 빛은 일반적으로 직진하는 성질을 가지고 있습니다. 별에서 출발한 빛은 중간에 다른 장애물이 없다면 곧바로 직진해서 우리 눈에 도달하고, 우리가 별빛을 관찰할 수 있게 됩니다. 그런데 일직선으로 진행하는 빛의 경로상에 크기가 매우 작은 입자들이 존재하게 되면, 이 입자들이 빛의 경로를 다른 방향으로 틀어 버릴 수 있는데요. 이렇게 빛이 원래의 경로에서 벗어나 다른 방향으로 틀어지는 현상을 **산란**이라고 합니다.

빛의 산란 현상은 일상생활에서 흔히 볼 수 있습니다. 바로 하늘이 파랗게 보이는 것이죠. 눈으로 볼 수 있는 빛의 파장 영역을 가시광선이라고 하는데, 이 가시광선에는 빨주노초파남보의 일곱 가지 무지개색이 모두 포함되어 있답니다. 그리고 빨간색에서 보라색 쪽으로 갈수록 빛의 파장은 짧아지는데, 파장이 짧은 빛일수록 산란 현상이 더 잘 일어납니다. 태양에서 출발한 가시광선 영역의 빛이 지구 대기로 들어오면, 대기를 구성하는 작은 입자들에 의해 산란되는데요. 파장이 짧은 파란색 빛은 산란이 더 잘되기 때문에, 하늘의 온 사방으로 퍼져 나갑니다. 그래서 하늘이 파랗게 보이는 것이죠.

성운 내에서도 이러한 산란 현상이 일어납니다. 별빛이 성간 가스와 성간 티끌로 밀집된 성운을 통과하면서 산란되는데, 역시나 파장이 짧은 파란색 빛이 더 잘 산란됩니다. 빛의 산란으로 성운을 통과하는 원래의 별빛보다 푸른색을 띠는 성운이 관측될 수 있는데요. 이러한 성운을 **반사성운**이라고 부른답니다.

❷ 지금까지 알아본 암흑성운과 반사성운은 성운 내 성간 물질이 별빛을 차단하거나 산란시켜서 우리 눈에 보이는 성운 이었습니다. 그런데 **발광성운**은 이들과는 다르게 스스로 빛을 내는 성운이랍니다. 뜨거운 별 주변에 성운이 있을 때, 이 별로 부터 에너지를 공급받은 성운은 가열됩니다. 발광성운은 이렇게 근처의 별이 내는 에너지에 충분히 가열되어 스스로 빛을 냅니다. 이러한 발광성운이 내는 빛은 푸른색의 반사성운과는 다르게 붉은색으로 관측되지요.

별의 일생, 탄생에서 죽음까지

별은 기체로 이루어진 천체입니다. 따라서 둥근 구 모양으로 뭉쳐진 별을 만들어 내기 위해서는 많은 양의 기체가 필요하죠. 그런데 보통 우주 공간은 기체가 매우 희박하므로 별을 만들어 내기는 힘들 것입니다. 우주의 성간 공간에서 새로운 별이 탄생할 수 있으려면 별의 재료가 되는 기체가 대부분인 성간물질이 밀집되어 있어야 합니다. ❸ 바로 우리가 앞에서 살펴본 성운이 별 탄생을 위한 최적의 장소라고 할 수 있답니다.

실제로 어느 정도의 조건을 만족하는 성운 내부에서 새로운 별들이 탄생하는 장면을 보기도 합니다. 보통 별 탄생 과정은 적어도 몇만 년이 걸리기 때문에, 탄생의 전 과정을 모두 볼 수는 없지만 말이죠.

별의 탄생을 볼 수 있는 가장 잘 알려진 성운 중 하나는 독수리 성운에서 '창조의 기둥'으로 알려진 부분인데요. 허블 우주 망원경으로 이곳의 사진을 찍어 보니 암흑성운에서 별 탄생의 여러 장면이 포착되고 있었답니다. 이렇게 새로운 별들이 태어나는 성운을 '별 탄생의 요람'이라고도 부릅니다.

별의 일생을 간단하게 살펴볼까요? 먼저 별 탄생의 첫 단계는 수축입니다. 밀도가 높은 성운에서 별이 탄생할 때, 보통 그 크기가 1억 분의 1 정도로 줄어드는 수축이 일어납니다. 그러니까 반지름이 1,000킬로미터인 공이 1센티미터 크기로 줄어드는 것과 같죠. 밀도가 높은 성운의 질량이 어느 정도를 넘어서면 자체의 중력으로 주변의 성간물질을 끌어당길 수 있게 됩니다. 그리고 중력은 질량이 클수록 더 커지기 때문에 수축이 계속 진행되어 중심부에 성간물질이 쌓일수록 더 큰 힘으로 주변의 물질을 끌어당기게 된답니다.

중력에 의한 수축으로 성운 중심부의 밀도는 높아지고, 스스로 빛을 낼 수 있을 만큼 높은 온도에 도달합니다. 이 단계를 원시별이라고 부르는데, 아직 정식 별은 아니지만, 물질이 중력에 따라 수축하면서 내는 에너지가, 별 탄생의 직전 단계인 원시별이 내는 빛의 원천이 된 것이죠.

원시별은 빛을 내면서도 계속해서 수축하며 온도가 높아집니다. 그러다가 드디어 원시별의 중심부 온도가 10,000,000도 이상으로 올라가면, 중력에 의한 수축은 서서히 멈추고 중심부에서 '수소 핵융합반응'이라는 과정이 시작되며, 이를 통해 에너지를 만들고 빛을 냅니다. 이때가 별이 탄생하는 단계랍니다. 그리고 수소 핵융합반응으로 빛을 내는 이 별을 **주계열성**이라고 부르죠.

수소 핵융합반응을 간단히 설명하면 수소 4개가 합쳐져 헬륨 1개를 만드는 과정입니다. 동시에 에너지를 만들어 낸답니다. 즉, 수소를 원료로 하는 반응인데 별을 스스로 밝게 빛나게 하는 매우 높은 에너지를 방출할 수 있죠. 별이 수소 핵융합반응을 하는 주계열성에서 보내는 시간은 에너지의 원료가 되는 수소가 모두 소진될 때까지입니다.

갓 태어난 별의 질량은 태양의 0.08배에서 100배 정도로 다양한데, 질량이 크면 클수록 주계열성에 머무는 시간은 줄어듭니다. 그러니까 질량이 큰 별은 수명이 짧은 셈이죠. 우리가 매일 만나는 태양 또한 이 주계열성 단계에 있는 별인데요. 태양 정도의 질량을 가진 별은 약 100억 년 동안 주계열성에 머무를 수 있습니다. 태양이 탄생한 지 약 50억 년 되었으니까, 앞으로 50억 년 정도가 지나면 태양도 죽음에 가까워지겠군요.

주계열성 중심부에서 핵융합반응에 사용되는 수소가 모두 소진되면, 이제 별은 죽음을 맞이하는 단계로 접어들게 됩니다. 수소 핵융합반응이 일어나는 동안 중심부에서는 에너지를 바깥 방향으로 방출합니다. 이렇게 에너지를 방출하는 방향은 중력이 작용하는 방향의 반대입니다. 그래서 수소 핵융합반응에 따른 에너지의 방출은 별이 중력으로 더 수축하는 것을 막을 수 있죠.

그런데 별 중심부의 핵융합반응으로 수소가 모두 헬륨으로 바뀌면, 중력에 의한 수축을 막아 줄 에너지 방출이 없어서 별의 중심부는 수축합니다. 앞에서 원시별이 탄생할 때를 떠올려 보면, 중력에 의한 수축은 에너지를 만들어 낼 수 있었는데요. 이와 마찬가지로 별의 중심부가 수축하는 이 과정에서 중심부가 더 뜨거워집니다. 뜨거워진다는 것은 더 많은 에너지를 별의 바깥 방향으로 방출하게 된다는 것과 같은 이야기랍니다. 에너지를 바깥 방향으로 방출하면 별의 중심부를 싸고 있는 껍질은 오히려 팽창하게 되죠.

그러니까 별이 주계열성 단계를 마치면, 그동안 에너지를 방출하면서 별이 중력으로 수축하는 것을 막고 있었던 수소 핵융합반응이 멈추고, 이 때문에 별의 중심부는 수축하고, 수축하면서 중심부 온도가 더 올라가고, 중심부 온도가 올라가면서 방출되는 에너지가 별의 바깥 껍질 부분을 팽창시키는 연쇄적인 과정이 일어나게 됩니다.

별의 중심부가 수축하고 바깥 부분은 팽창하면서 결과적으로 별의 크기는 커집니다. 이때를 '큰 별'이라는 뜻의 거성이라고 부르는데, 이렇게 커진 별의 표면은 온도가 낮아지면서 붉은색이 되기 때문에 더 정확하게는 **적색거성**이라고 합니다. ❹ 별이 내는 색깔은 표면의 온도에 따라 결정됩니다. 온도가 높은 별은 푸른색, 온도가 낮은 별은 붉은색을 띤답니다. 푸른색과 붉은색 별 사이의 온도를 가지는 별들은 백색, 노란색 등으로 보입니다. 별도 태어났을 때 푸른색이었다가 에너지가 줄어들면서 점차 붉은색을 띠게 됩니다.

적색거성 이후의 단계는 다소 복잡하지만, 간단히 말하자면 별은 최후 단계에서 중심부만 남습니다. 중심부가 수축하면서 온도가 올라가면, 수소나 헬륨보다 더 복잡하고 무거운 새로운 물질이 만들어지는 핵융합반응이 일어나게 되는데요. 이 과정에서 우리가 아는 탄소, 산소, 규소, 심지어는 철까지 만들어질 수 있죠. 그러니까 최후 단계의 별 중심부는 수축하고 열을 내고 새로운 물질을 만들고, 또 수축하고 열을 내고 새로운 물질을 만드는 과정을 반복하면서, 점점 식어가 죽음을 맞이하는 것이랍니다.

일반적으로 별의 질량이 태양 질량의 10배보다 작으면 그 중심부가 **백색왜성**이라는 천체가 되면서 죽음을 맞이합니다. 한편 태양 질량의 10배보다 큰 별은 **초신성 폭발**이라는 강렬한 사건을 겪은 이후에 별의 중심부가 **중성자별**이나 **블랙홀**이 되면서 일생을 마감하게 되죠. 여러분이 눈치를 챘을지 모르겠는데, 원래 우주의 성간 공간에 있었던 수소와 헬륨을 제외하고, 탄소와 산소, 규소, 철과 같은 물질들은 모두 별의 일생 중에 만들어진 것들입니다. 이 물질들은 우리 몸속에도 있고, 우리 주변에도 있죠. 그러니까 우리는 모두 '별의 후예'인 셈이네요!

무리를 지은 별들

밀도가 높고 거대한 성운 내부에서 별이 탄생할 때, 보통은 여러 개의 별이 한꺼번에 탄생하곤 합니다. 별 탄생 초기 단계에서 질량이 높은 여러 개의 중심이 생겨나고, 성운의 성간물질이 각각의 중심을 향해 중력에 의한 수축을 하는 것입니다. 그래서 이들은 같은 성운 내부에서 같은 시기에 만들어졌기 때문에 별을 이루는 물질의 성분이 비슷하답니다. 형제들인 셈이죠. 그리고 이렇게 탄생한 별들은 아주 커다란 별의 무리를 이룹니다.

이렇게 별이 무리 지어 있는 경우를 **성단(星團)**이라고 부릅니다. 과거의 중세 유럽에는 여러 기사단이 있었고, 포켓몬스터라는 애니메이션에는 로켓단이 등장하는데요. 이들이 사용하는 '단(團)'에는 '단체(group)'라는 뜻이 있습니다. 여러분이 잘 알고 있는 방탄소년단도 방탄소년의 단체라는 뜻을 가진 것이죠. 이처럼 성단은 별을 뜻하는 성(星)이라는 글자 뒤에 단체를 뜻하는 단(團)이 붙어 있으므로 '별의 단체'라는 뜻을 가진답니다.

별들이 무리 지어 모여 있는 천체인 성단은 성운과 마찬가지로 지구에서 맨눈으로 보기에 뿌옇게 관찰됩니다. 하지만 천체망원경으로 관측하면 많은 별이 한데 모여 있는 아름다운 성단의 모습을 확인할 수 있죠. 이러한 성단은 별들이 모여 만드는 모양에 따라 **구상성단**과 **산개성단**으로 구분할 수 있습니다.

구상성단은 수만 개에서 수십만 개의 별이 빽빽하게 모여 공 모양을 이루고 있습니다. 공 모양의 3차원 도형을 우리는 '구'라고 부르는데, 여기에 웃상이나 울상, 귀염상이라고 할 때 붙이는 '상'을 합쳐, 말 그대로 구 모양, 즉 구상인 것이죠. 반면에 산개성단은 이것의 이름으로부터 알 수 있듯이 별들이 산개해 있습니다. 느슨하게 제멋대로 퍼져 있죠. 산개성단은 구상성단에 비해 느슨한 구조를 하고 있으면서, 성단을 이루는 별의 개수도 수백 개에서 수천 개 정도로, 구상성단에 비해 적습니다.

구상성단과 산개성단은 별들이 모여 이루는 모양뿐만 아니라 성단을 구성하고 있는 별들의 특징에서도 차이를 보입니다. 먼저 구상성단은 대부분 늙은 별로 이루어져 있습니다. 이들 늙은 별은 적색거성과 같은 별들이기 때문에 구상성단은 전체적으로 붉은색을 띠고 있죠. 하지만 산개성단은 대부분 젊은 별로 이루어져 있는데요. 그래서 전체적으로 푸른색을 띠고, 이 때문에 산개성단은 구상성단과 비교하면 표면 온도가 높습니다.

과학자들은 성단이 보이는 이러한 특징들로부터 우주를 연구하는 데 사용되는 자료들을 얻을 수 있는데요. 구상성단은 주계열성 단계의 막바지에 도달했거나 적색거성 단계로 넘어가 그들의 일생을 마감하는 늙은 별들로 이루어져 있기 때문에 우주의 생성과 역사, 그리고 진화를 연구하는 데 활용됩니다. 지질학자들이 아주 오래전부터 현재까지의 지구 환경 변화나 생물의 진화 등을 연구하는 데 생물 화석을 이용하는 것과 같은 것이죠. 즉 구상성단은 우주를 연구하는 화석인 셈입니다.

또한 산개성단은 태어난 지 얼마 지나지 않은 젊은 별들로 이루어져 있는데, 과학자들은 이러한 산개성단이 거대한 성운 내부에서 한꺼번에 만들어진 별들이라 보고 있습니다. 실제로 산개성단 내부는 젊은 고온의 푸른 별뿐만 아니라 성간물질도 포함하거든요.

성운 vs 성단

18세기 프랑스에서 활동하던 천문학자 샤를 메시에는 본래 하늘의 혜성을 찾는 '혜성 사냥꾼'이었습니다. 약 76년에 한 번씩 태양 근처로 돌아오는 핼리혜성을 발견하기 위해 노력했고, 또 다른 혜성도 여럿 찾아냈습니다. 그런데 혜성이 긴 꼬리를 가지고 있어서 뿌옇게 보이는 것처럼, 밤하늘에서 이와 비슷하게 희미하고 뿌연 천체들을 발견했습니다. 메시에는 혜성이 아닌데 혜성처럼 보이는 이 천체들이 혜성을 찾아내는 데 방해가 된다고 생각해 따로 목록을 만들어 정리했습니다. 이것이 바로 '메시에 목록'이고, 이 목록 안에는 45개의 성운과 성단, 그리고 은하가 포함되어 있죠.

메시에 목록에 성운과 성단이 함께 포함된 것처럼, 밤하늘에서 뿌옇게 보이는 이 천체들은 맨눈으로 구별해 내기가 쉽지 않습니다. 하지만 우리가 앞에서 함께 알아본 성운과 성단은 확실히 구별되는 특징들을 가지고 있었지요.

성운은 우주의 성간 공간에 분포하는 기체와 티끌로 구성된 성간물질이 상대적으로 밀집되어 있어 마치 구름처럼 보이는 천체입니다. 이러한 성운에는 뒤쪽으로부터 오는 별빛을 막아 어두운 암흑성운과 별빛을 산란시켜 푸른빛을 띠는 반사성운, 그리고 뜨거운 주변 별로부터 에너지를 공급받아 스스로 붉은색 빛을 내는 발광성운으로 구분할 수 있었습니다.

한편 성단은 별들이 무리 지어 형성되는 천체입니다. 무리를 지은 별들의 분포 등 여러 특징에 따라 구상성단과 산개성단으로 구분되죠. 먼저 구상성단은 적색거성과 같은 늙은 별들이 공 모양으로 빽빽하게 밀집한 성단으로, 대체로 붉은색을 띠며 성단을 이루는 별은 수만 개에서 수백만 개나 되었습니다. 그런데 ❺ 산개성단은 이와 다르게 태어난 지 얼마 안 된 푸른색의 젊은 별들이 비교적 느슨하게 분포되어 있고, 성단을 이루는 별도 수백 개에서 수천 개 정도로 적답니다. 크기도 구상성단보다 작지요.

밤하늘에서 성운과 성단은 찾기가 어렵지만, 그만큼 발견해서 관측했을 때 더 큰 아름다움을 느낄 수 있는 천체들입니다. 천체망원경을 이용하면 더욱 좋지만, 잘 알려진 것들은 하늘이 청명한 날 밤에 주변이 어두운 곳에서 맨눈으로도 볼 수 있죠.

오늘 밤, 우리도 밤하늘을 더욱 신비롭게 만드는 성운과 성단을 찾아 밖으로 나가 볼까요?

30초 복습 퀴즈

배운 내용을 찬찬히 떠올리며 아래 빈칸을 채워 보세요.

성운은 성간 공간의 기체와 티끌로 구성된 성간물질이 상대적으로 밀집된 천체다. 성운을 통과하려는 별빛을 차단해 어두운 성운을 ❶(   ), 별빛을 산란시켜 원래의 빛보다 푸른색으로 보이는 성운을 ❷(   )이라고 하며, 주변의 뜨거운 별로부터 에너지를 공급받아 스스로 빛을 내는 붉은색의 성운을 ❸(   )이라 한다. 한편 성단은 별들이 무리 지어 집단을 이루는 천체를 말한다. 성단에는 주로 늙은 별들이 공 모양으로 빽빽하게 분포하고 있는 ❹(   )이 있고, 젊은 별들이 느슨하게 일정한 모양 없이 분포하는 ❺(   )이 있다.

정답 ❶ 암흑성운 ❷ 반사성운 ❸ 방출성운 ❹ 구상성단 ❺ 산개성단

9

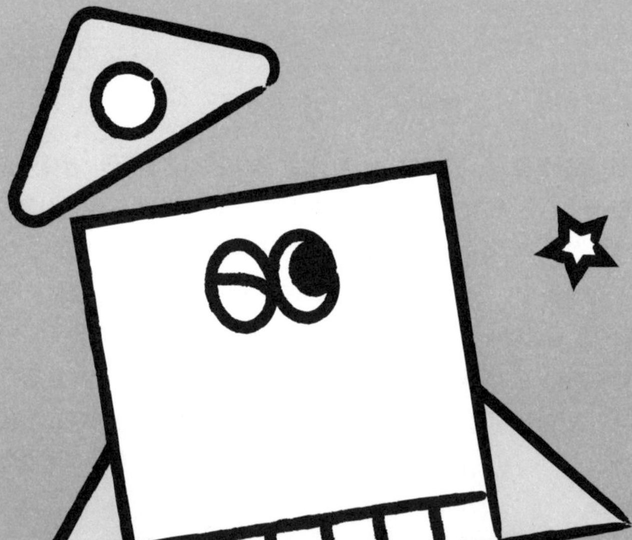

외계 생명체는

어떻게
생겼나요?

천문학자를 만났다면 어떤 질문을 하고 싶나요? 천문학자들이 가장 많이 받는 질문 중 하나는 아마 "외계 생명체는 존재하나요?", "외계 생명체는 어떻게 생겼나요?"일 것입니다. 우리가 우주에 관해 관심을 두는 이유는 다양하지만, 이 의문에 답하기 위해 우주에 관심을 갖는 사람도 많을 것입니다.

외계인의 존재와 모습에 대한 대중의 관심이 정점을 찍은 사건이 있었습니다. 바로 1947년 미국 로즈웰 UFO(미확인 비행 물체) 추락 사건입니다. 이 사건은 여러 논란을 낳은 후 사람들에게서 잊히는 듯했으나 1995년 미국 폭스TV에서 '로즈웰

UFO 추락 외계인 해부' 동영상을 공개함으로써 다시 많은 논란을 가져왔습니다. 하지만 이 동영상은 관계자의 자백을 통해 가짜라고 밝혀졌습니다. 그런데도 아직도 많은 사람은 해당 동영상이 진짜라고 생각합니다. 동영상 속 외계 생명체의 모습은 우리 인간과 유사합니다. 체구는 작지만 상대적으로 큰 머리를 가졌으며 팔 2개, 다리 2개, 눈 2개를 가졌지요. 그렇다면 우리가 상상하는 외계 생명체의 모습과 실제는 어떻게 다를지 알아볼까요?

영화 속 외계 생명체의 모습

영화나 드라마 속 외계 생명체의 모습은 어떤 모습일까요? 영화 〈토르(Thor)〉, 〈슈퍼맨(Superman)〉에 등장하는 주인공들은 지구인과 능력은 다르지만, 겉모습은 완전히 같은 것으로 묘사됩니다. 우리나라 드라마 〈별에서 온 그대〉의 주인공 도민준의 경우도 마찬가지입니다.

영화 〈스타워즈〉나 〈스타트렉(Star Trek)〉, 〈가디언즈 오브 갤럭시(Guardians of the Galaxy)〉, 〈어벤저스(Avengers)〉 등에는 다양한 모습의 외계 생명체가 등장하는데, 대부분 인간과 유사한 신체를 갖고 있습니다. 영화 〈아바타(Avatar)〉처럼 피부색이나, 크기, 그리고 일부 기관의 차이를 보이지만 기본적으로 인간과 유사점을 많이 가진 것으로 그려집니다.

이런 묘사는 외계 생명체에 대한 인간의 상상이 인간에서부터 시작했기 때문일 것입니다.

물론 인간과 유사성이 없는 외계 생명체를 다룬 영화도 많습니다. 〈맨 인 블랙(Men in Black)〉의 경우 정말 다양한 외계 생명체가 등장합니다. 또한 2016년 영화 〈컨택트(Arrival)〉, 만화영화 〈둘리〉에서는 문어나 오징어, 꼴뚜기와 같은 두족류 형태의 외계 생명체가 등장합니다. 사실 두족류 형태로 외계인을 그린 이유가 있습니다. 우연일 수도 있지만, ❶ 두족류는 척추 구조가 없는 무척추동물 중 가장 복잡한 뇌와 신경계, 그리고 눈을 가지고 있어서 외계 생명체가 진화를 거듭했을 경우 도달할 수 있는 형태라고 생각하기 때문입니다.

영화 〈프로메테우스(Prometheus)〉, 〈에이리언(Alien)〉 시리즈의 경우 인간의 기원이 외계 생명체에서 왔으며, 다양한 형태의 외계 생명체가 어떻게 탄생하게 되었는지를 설명합니다. 영화 〈프로메테우스〉는 〈에이리언〉 시리즈의 프리퀄로 〈에이리언〉 시리즈의 이전 세계관을 설명합니다. 이 영화에 따르면 인간은 엔지니어라 불리는 외계 생명체의 DNA로 만들어졌으며, 숙주로 삼은 생명체에 따라 다양한 형태의 외계 생명체가 탄생합니다.

어떤 형태로 묘사가 되든 외계 생명체의 존재와 모습은 아직은 인간의 경험과 상상의 산물에 불과합니다.

외계 생명체에 대한 힌트

1. 극한 환경에서 살아가는 생명체

영화를 만들 때도 과학자들의 조언을 바탕으로 만드는 경우가 많습니다. 하지만 과학자들마다 주장하는 바는 다르며, 그 누구도 실제 외계 생명체가 발견되기 전까지는 자신의 주장을 증명하지 못합니다. 어떤 과학자는 외계 생명체가 키는 인간보다 많이 크지 않을 것이며, 눈은 2~3개 정도 될 것이라고 주장합니다. 중력의 영향을 받기 때문에 키가 더 클 경우 직립보행이 힘들 수 있고, 눈은 많은 에너지를 사용해서 더 많아질 경우 생존에 불리하기 때문이라고 설명했지요.

또 다른 과학자는 고도로 발달된 외계 생명체는 몸의 형태가 남아 있지 않고, 신경계만 존재할 것이라고 주장하기도 했습니다. 그렇다면 우리는 어떻게 외계 생명체의 모습을 추측할 수 있을까요?

먼저 단어에 대한 설명이 필요합니다. ❷ 외계 생명체는 우리가 보통 생각하는 인간처럼 지적 생명체일 수도 있지만, 단세포 형태일 수도 있습니다. 외계 생명체의 의미를 외계 미생물, 외계 생명체(식물과 동물 등), 외계 지적 생명체 등을 모두 포함해 포괄적으로 생각한다면 그 형태도 다양하게 생각할 수 있을 것입니다.

우리가 이미 알고 있듯이 우주는 계속 팽창하고 있으며, 수많은 별이 존재하고, 수많은 별의 탄생과 죽음이 반복되고 있습니다. 그 속에서 태양과 같은 별의 핵융합을 통해 만들어진 철, 산소, 칼슘, 탄소 등의 무거운 원소는 생명체를 구성하는 재료가 될 수 있고, 이 무거운 원소는 별의 최후인 초신성 폭발을 통해 우주로 퍼져 나가게 됩니다. 이 원소들이 외계 생명체를 만드는 기본 재료가 되고 시간이 흘러 우연히 쌓이고, 진화라는 과정을 거친다면, 형태는 달라도 외계 생명체는 존재할 수 있을 것이라는 게 과학자들의 생각입니다.

그렇다면 지구 최초의 생명체는 어떤 형태였을까요? ❸ 바다의 뜨거운 열수 분출공 주변에서 최초의 세포가 발생했는데, 그중 하나가 **시아노박테리아**라는 남세균으로 지구에서 처음으로 광합성을 해 지구 환경을 크게 바꾼 생명체입니다. 가장 오래된 것으로 보이는 시아노박테리아 화석은 35억 년 전의 것입니다.

시아노박테리아는 광합성을 하기 때문에 청록색을 띄고 있으며, 막으로 둘러싸인 핵이 없는 원핵생물의 형태입니다. 시아노박테리아가 모여 있는 모습을 현미경이 아닌 우리가 눈으로 보면 해캄이나 매생이와 비슷하다고 느낄 것입니다.

시아노박테리아 이전의 화석에선 산소가 거의 발견되지 않았지만, 시아노박테리아 등장 이후의 화석에서는 산소가 많이 발견되었습니다. 산소의 존재는 산소를 이용하는 많은 생명체를 탄생시켰으며, 그들이 진화하는 원동력이 되었을 것입니다. 과학자들은 스펙트럼 분석을 통해 멀리 떨어진 천체의 대기를 분석하고 있는데, 물과 산소가 발견된다면 그곳엔 생명체가 존재할 것이라 생각합니다. 시아노박테리아라는 생명체가 지구의 대기 성분을 바꿨고, 이 변화가 지구의 다양한 생명체 탄생의 원동력이 되었습니다.

그렇다면 외계 생명체의 탄생은 어떨까요? 그리고 그들이 살고 있는 행성은 어떤 환경일까요? 현재의 지구와 비슷할 수도 있겠지만 지구 초기의 환경을 생각한다면 맨 처음에는 생명체가 살기엔 매우 부적합했을 것입니다. 극고온 혹은 극저온, 높은 방사선 농도, 산소가 없는 환경 등 생명체가 탄생하기도 힘든 환경이었을 것입니다. 지적 생명체인 인간과 다양한 생명체가 존재하는 현재도 지구 곳곳에는 태초의 지구 모습과 유사한 환경에 놓인 곳이 있습니다. 그곳에서 살아가는 생명체가 있다면 그 생명체를 연구해 외계 생명체에 대한 힌트를 얻을 수 있을 것입니다.

먼저 깊은 바닷속에서 뜨거운 물이 분출되는 **열수 분출공**을 탐사해 봐야 합니다. 열수 분출공은 온도가 350도가 넘는 액체 상태의 물(100도가 넘지만 물의 압력이 너무 높아서 기체가 되지는 않습니다)이 금, 은, 구리, 황화수소 등과 함께 뿜어져 나오는 곳입니다. 과학자들은 당연히 빛이 없는 이곳에선 광합성이 일어나지 않기 때문에 생명체가 거의 없을 것이라고 생각했습니다. 하지만 탐사 결과는 예상을 뛰어넘었죠. 실제로 많은 생명체가 살고 있다는 것이 밝혀졌습니다. 식물이 빛 에너지를 이용해서 탄수화물을 만들 듯이, 박테리아들이 황화수소를 산화시켜 나오는 화학에너지를 이용해 탄수화물을 만든다는 사실이 밝혀졌습니다. 이 탄수화물은 깊은 바다에서 다양한 새로운 형태의 생태계를 만들어 내게 됩니다. 열수 분출공 근처의 생태계로 미루어 짐작해 볼 때 우주에서 빛도 들지 않고, 유독한 물질로 가득한 곳일지라도 외계 생명체는 존재할 수 있다는 생각이 듭니다.

열수 분출공과 마찬가지로 빛도 없고 유독물질인 황화수소가 가득한 동굴 속에서도 다양한 형태의 생명체가 발견되는데,

스노타이트라고 불리는 콧물 또는 꿀같이 보이는 미생물 군체를 예로 들 수 있습니다. 스노타이트는 여러 종류가 있는데 각각 모양도 다르고, 영양 공급 체계도 다양합니다. 황화합물을 먹고 사는 이 미생물들은 각다귀와 같은 다른 동굴 속 생명체의 먹이가 되어 동굴 내의 생태계를 만듭니다. 이 같은 일이 우주의 한 행성에서도 충분히 일어날 수 있을 것입니다.

극지방에선 어떤 생명체가 살 수 있을까요? 극지방의 영구 동토층에선 지의류가 발견되는데, 이 지의류는 균류와 조류가 공생하는 생물입니다. 이 지의류를 우주정거장에 가져가 실험한 결과, 우주의 강한 자외선과 방사선에도 잘 살아남았다고 합니다. 또 남극의 빙하 800미터 아래에서도 미생물이 발견되는 것을 보면, 생명체는 어떤 조건이든 살아갈 수 있다는 생각이 듭니다. 태양계만 보더라도 여러 천체에서 얼음이 발견되고 있는데, 이곳이나 혹은 우주의 다른 천체에서도 생명은 터전을 잡아 살아갈 수 있을 것입니다.

극한의 환경에서도 생명의 씨앗은 싹을 틔워 열매를 맺고 있는 것을 보면, 우주의 어떤 곳에든 또 다른 생명의 씨앗이 우리가 생각하지 못한 방식으로 살아갈 수 있다는 생각을 하게 됩니다. 지구의 극한 환경 속에서 살아남은 미생물을 볼 때, 외계 미생물의 존재 가능성은 매우 높을 것입니다.

137억 년의 우주의 역사와 비교한다면 지구 외의 다른 천체에서 충분히 여러 형태의 진화된 외계 생명체가 탄생할 수 있을 것입니다. 지구의 탄생이 45억 년 전이고, 시아노박테리아에서 인간이 탄생하기까지 35억 년이 걸린 점을 가정했을 때 우리 인류보다 많게는 3배 이상의 시간 동안 진화한 외계 생명체가 존재할 수도 있을 것입니다. 지구의 여러 극한 지역에서의 연구 결과와 여러 가정을 더해 보면, 외계 생명체에 대해 좀 더 구체적인 답을 얻을 수 있지 않을까 합니다.

우선 행성이 지구보다 커지고 질량이 커진다면 어떤 외계 생명체가 살 수 있을까요? 행성이 커진다는 것은 생명체가 살아갈 터전이 넓어진다는 것이기 때문에 더 다양한 생명체가 등장할 수 있습니다. 그리고 행성의 질량이 커진다는 것은 중력 또한 커진다는 것을 의미합니다. 중력이 커지면 커진 중력에 적응하는 생명체가 등장할 것입니다. 강한 중력에 버티기 위해서 뼈는 단단해져야 하고, 짧아질 것이며, 근육은 강해져야 하고, 키 또한 작아지는 것이 생존에 유리할 수 있습니다(반대의 경우 중력이 약해지면, 뼈의 칼슘이 빠져나가며 근육이 약해지는 것을 우주에서 생활한 비행사들의 경우를 보면 알 수 있습니다). 강한 중력 때문에 생명체는 움직임에도 제한을 받습니다. 몸무게가 늘어나고, 높이 뛰는 것도 힘들게 됩니다.

❹ 또한 중력이 커진다면 대기의 밀도도 높아져서 높아진 대기 밀도에 적응하는 생명체도 등장할 것입니다. 대기의 밀도가 높아진다는 것은 그만큼 공중에서 비행하기 유리해진다는 뜻입니다. 따라서 식물은 바람에 더 잘 나는 형태의 씨앗을 만들지도 모릅니다. 민들레 홀씨처럼 말이죠. 식물이 곤충을 유혹하기 위해 꽃과 꿀을 만드는 것은 많은 에너지가 소모되는 일이기 때문에 그 대신 비행에 유리한 씨앗을 만드는 식물이 늘어날 것입니다. 이런 식물이 존재한다면 이 씨앗을 잘 먹을 수 있는 형태의 비행 생명체가 번성할 수 있습니다. 비행하는 생명체들은 큰 중력으로 비행을 시작하는 것은 어렵겠지만(중력이 강해지면 인간과 같은 지적 생명체가 행성 밖으로 비행선을 내보내는 것도 어려워집니다) 한번 비행을 시작하면 손쉽게 비행을 유지할 수 있어서, 땅에 거의 착륙하지 않고 살 수도 있을 것입니다.

질량이 크다는 것은 또한 자기장을 유지하기에 유리하다는 것을 의미하기에 두꺼운 대기와 자기장이 생명체가 생존하기에 유리할 수 있습니다. 다만 강한 중력에 소행성 등이 이끌려 와 행성과 출동할 확률이 높아지면 생명체의 탄생과 멸종 주기가 짧아질 수 있습니다. 지구의 역사에서 보았듯이 대멸종은 또 다른 생명체의 번성을 가져올 수 있기에 또 다른 형태의 외계 생명체가 탄생할 수도 있습니다. 다만 소행성 충돌 주기가 짧아 지적 생명체가 탄생하지 못할 수 있습니다.

평균기온이 지구보다 높은 행성에서는 어떤 외계 생명체가 살 수 있을까요? 고체 상태의 물은 존재하기 어려워져 지구의 극지방과 유사한 생태계는 없어질 수 있겠지만, 열대우림을 생각해 보면 더 다양한 생명체 탄생의 기회가 될 수 있습니다. 당연히 높아진 기온에 적응한 생명체가 등장할 것입니다.

식물의 경우 대체로 고온에서 광합성률이 높아지며 번성합니다. 이 경우 행성의 산소 농도가 더 높아질 수 있습니다(식물의 생존에서 고온보다는 저온 조건이 더 중요합니다. 식물은 저온에 대비해 잎을 제거하기도 하고, 많은 에너지를 사용해 당과 아미노산 등을 만들고, 이것을 부동액처럼 사용해 얼어 죽지 않으려고 합니다. 가을이 되면 활엽수가 잎을 떨어뜨리는 이유는 저온에서 잎을 유지하는 것에 너무 많은 에너지가 들어 생존에 불리하기 때문입니다). 생산자인 식물의 번성은 소비자들이 사용할 수 있는 탄수화물과 산소를 늘려 다양한 생명체의 탄생을 촉진할 것입니다.

동물의 경우 귀 같은 부속지의 크기는 커지고 털이 있다면 털은 짧아질 것이며 크기는 작아질 것입니다. 이것은 북극여우와 사막여우의 예를 통해 추측해 볼 수 있습니다. 북극여우는 열의 방출을 막기 위해 귀가 작고, 털은 길며, 보온을 위해 좀 더 크고 동그란 모습을 하는 반면, 사막여우는 열을 방출하기 위해 귀는 커지고, 털은 짧으며, 북극여우보다 작고 날렵한 몸을 가지고 있습니다.

자전축의 기울기가 지구와 다르다면 어떤 외계 생명체가 존재할 수 있을까요? 자전축의 기울기는 계절의 변화를 가져오고, 이에 적응한 다양한 생명체를 탄생시켰습니다. 사계절에 맞게 식물과 동물은 생의 주기를 계속해 왔습니다. 식물은 꽃을 피우고 열매를 맺는 시기가 계절에 따라 각기 다르며, 동물의 경우 짝짓기 시기나 동면 등을 하며 계절에 맞게 생존해 왔습니다. ❺ 자전축의 기울기가 없다면 계절이 사라지고 생명체 또한 전혀 다른 생의 주기를 가지게 될 것입니다.

만약 자전축이 지금보다 더 기울어진다면 계절에 따른 온도 변화가 극심해질 것입니다. 여름에는 빛을 받는 면적이 넓어지고 강해져 그 시기에 식물은 더욱 번성하고, 겨울이 되면 씨앗의 형태나 땅속의 뿌리로 극한의 추위를 이겨 낼 것인데, 멀리 이동이 불가능한 동물도 이런 생의 주기를 가질 수 있습니다. 지구에서 같은 나무라고 할지라도 상층부에 강한 빛을 받은 잎은 하층부의 약한 빛을 받는 잎보다 작고, 더 갈라져 있으며 두껍게 자라는데, 이것은 열을 빠르게 손실시켜 고온에서 생존하기 위한 적응입니다. 아마 자전축이 더 기울어져 극단적인 계절 변화를 가진 외계 행성에 여러 해를 살아갈 수 있는 식물이 존재한다면, 여름에는 작고 두껍고 더 갈라진 잎을 가지고 살고, 겨울엔 적은 수의 잎으로 태양빛을 최대로 받을 수 있는 형태로 자랄 것입니다.

이 외에도 별의 온도, 별의 나이, 별의 개수, 위성의 존재 등 많은 가정을 통해 우리는 외계 생명체가 어떤 모습을 가지고, 어떻게 생존할지 추측해 볼 수 있습니다.

생명체의 진화와 외계 문명

어떤 행성에서든 처음부터 지적 생명체가 존재하기는 어려울 것입니다. 지구에서와 다를 수도 있지만, 지구와 유사한 조건과 시간을 보냈다면 외계 생명체는 진화를 통해 다양해졌을 것입니다. 생명체를 이루는 물질들이 우연히 막 안에 모이고, 화학반응을 일으켜 유전물질을 복제하고, 분열하는 과정으로 미생물이 탄생했을 것입니다. 그 후 조금씩 서로 다른 환경에서 서로 다른 특징을 가진 생명체가 등장하고 그들 중 일부가 살아남아 자손을 남김으로써 다양한 생명체로 분화되었을 것입니다. 과학자들은 외계 생명체도 탄소, 수소, 산소를 기본으로 구성될 확률이 높다고 말합니다. 하지만 전혀 다른 원소가 생명체를 구성할지도 모릅니다.

극단적으로 진화를 거듭해서 외계 지적 생명체가 존재하고, 그들의 문명이 우리보다 더 앞서 있다면 어떨까요? 앞에서 언급했듯이 그 정도 문명을 이루었을 경우 몸은 형태가 없고, 신경계만 존재하며, AI 기계가 인간의 생존을 책임질지도 모릅니다. 문명의 발달에는 막대한 에너지가 필요한데, 별의 에너지를 직접 사용할 수 있는 문명이 등장한다면, 그 에너지를 기반으로 문명을 번창할 수 있을 것이며, 자신들의 별을 넘어서 우주의 어디론가 이주할 수도 있을 것입니다. 별과 별 사이는 거리가 매우 멀기 때문에 그 거리를 극복하려면 막대한 에너지와 높은 기술 문명이 필요할 것입니다. 미생물이 고도의 지적 생명체로 진화할 만큼 많은 시간이 지나면, 그들이 우리 지구 앞에 모습을 드러낼 수도 있습니다.

인류 역사와 함께 시작한 우주에 대한 많은 의문은 인간의 문명이 발전하면서 조금씩 조금씩 그 답을 찾아가고 있습니다. 인류가 멸종하지 않고, 태양이 폭발하기 전에 태양계를 벗어나 새로운 곳에 정착할 수 있는 기술을 갖춘다면, 우주에서 생명체가 존재하는 또 다른 행성도 언젠가는 찾을 수 있을 것입니다.

이 책을 읽은 여러분이 우주의 신비를 밝히는 또 다른 주역이 되길 기대합니다.

30초 복습 퀴즈

배운 내용을 찬찬히 떠올리며 아래 빈칸을 채워 보세요.

우주에 대한 관심은 외계 생명체와 확인되지 않은 비행 물체인 ❶(　　　)에 대한 관심으로 이어진다. 외계 생명체는 외계 ❷(　　　　　), 외계 생명체, 외계 지적 생명체를 포함하는 개념이다. ❸(　　　　)년 전 등장한 시아노박테리아는 지구에 등장한 최초의 생명체로서 극한의 환경에서 살아남았다. 현재도 지구에서는 생명체가 살기 힘들 것으로 보이는 극한 환경에서 생명체가 발견되고 있는데, ❹(　　　　　　), 동굴, 극지방 등이 대표적이다. 이런 극한의 환경에서도 생명체가 살 수 있으니 우주에도 어딘가 생명체가 살고 있을 가능성이 있다. ❺(　　　　　)년이라는 우주의 역사 속에서 생명체가 존재하는 행성은 지구 하나일까?

참고자료

도서·잡지

- 고호관 지음, 《우주로 가는 문 달》, 마인드빌딩, 2019
- 김정아 옮김, 와타나베 준이치 감수, 이강환 감역, 《잠 못들 정도로 재미있는 이야기: 우주》, 성안당, 2020
- 김향배 지음, 《태양계가 200쪽의 책이라면》, 세로, 2020
- 김호령 외 지음, 《중학교 과학 2》, 동아출판, 2020
- 내셔널 지오그래픽 편집부 지음, 〈붉은 행성〉, 《내셔널 지오그래픽》, 2016. 11월호
- 내셔널 지오그래픽 편집부 지음, 〈외계 생명체는 존재할까?〉, 《내셔널 지오그래픽》, 2014
- 로드 파일 지음, 박성래 옮김, 《미션 투 더 문》, 영진닷컴, 2019
- 마이클 콜린스 지음, 최상구·김인경 옮김, 《플라이 투 더 문》, 뜨인돌, 2019
- 브라이언 플로카 지음, 이강환 옮김, 《타다, 아폴로 11호》, 너머학교, 2019

- 아이뉴턴 편집부 엮음, 〈화성 탐사의 시대〉, 《아이뉴턴》, 2013
- 아이뉴턴 편집부 엮음, 〈뉴턴(Newton)〉, 《아이뉴턴》, 2016년 5월호, 2017년 7월호, 2017년 8월호, 2017년 11월호, 2018년 9월호, 2019년 2월호
- 에드거 윌리엄스 지음, 이재경 옮김, 《달: 낭만의 달, 광기의 달》, 반니, 2015
- 원종우 지음, 《파토 원종우의 태양계 연대기》, 동아시아, 2019
- 임태훈 외 지음, 《중학교 과학 2》, 비상교육, 2018
- 장수길 지음, 《달빛 아래 과학 한 움쿰》, 전파과학사, 2020
- 최영준 지음, 《달, 지구의 하나뿐인 위성》, 열린어린이, 2012
- 칼 세이건 지음, 홍승수 옮김, 《코스모스》, 사이언스북스, 2004
- M. Zeilik 외 지음, 강혜성 외 옮김, 《천문학 및 천체물리학(제4판)》, 시그마프레스, 2010

사이트

- 미국항공우주국(NASA) https://www.nasa.gov/
- 한국천문연구 천문우주지식정보 > 천문학습관
  https://astro.kasi.re.kr/learning/pageView/40

기사

- "금성, 외계생명체 탐사의 희망이 되다", 한겨레, 2020.9.21.
- "'달은 식민지 아닌 인류의 공간', 우주시대 맞이하는 지구촌",
  중앙일보, 2019.10.24
- "[달 착륙 50주년] ① 꿈, 도전, 음모론… 이제는 달 탐사 2라운드",
  KBS 뉴스, 2019.7.20
- "슈퍼문, 미니문, 블러드문, 블루문… 특별한 달의 명칭", 조선일보,
  2016.11.14
- "아폴로 11호: 달 착륙 음모론을 파헤치다", BBC뉴스, 2019.7.18

기타

- "화성을 제2의 지구로 만드는 것이 가능할까?", 사이언스타임즈, 2020.11.10
- "우리는 어디서 왔는가?", <다큐 ON> 44회, KBS, 2021.01.01

단번에 개념 잡는 우주과학

9가지 핵심 질문으로 빠르게
마스터하는 중학 과학의 기초

초판 1쇄 2021년 7월 30일

지은이 박우용, 권은경, 김경민

펴낸이 김한청
기획편집 원경은 차언조 양희우
마케팅 최지애 설채린 권희
디자인 이성아
경영전략 최원준

펴낸곳 도서출판 다른
출판등록 2004년 9월 2일 제2013-000194호
주소 서울시 마포구 동교로27길 3-12 N빌딩 2층
전화 02-3143-6478 **팩스** 02-3143-6479 **이메일** khc15968@hanmail.net
블로그 blog.naver.com/darun_pub **페이스북** /darunpublishers

ISBN 979-11-5633-410-1 44000
　　　　979-11-5633-399-9 (세트)